1919년 3월 1일
그날을 걷다

3·1운동 100주년
기념 서울역사답사기

1919년 3월 1일 그날을 걷다

서울역사편찬원

발간사

1919년 3월 1일 서울의 탑골공원에서 시작된 만세 함성은 전국으로 퍼져나갔습니다. 일제의 무자비한 탄압에도 굴하지 않고 남녀노소 누구나 할 것 없이 만세 시위에 나섰습니다. 100년 전 우리 선조들의 숭고한 역사가 있었기에 오늘날 대한민국이 존재할 수 있게 되었습니다. 그리고 그날의 역사는 어느덧 100년이 되었습니다. 이 책은 3·1운동 100주년을 기념하여 발간하는 특별판으로 시민들과 함께 서울 3·1운동의 역사적 현장들을 둘러보고 그곳에 새겨져 있는 만세운동의 정신을 담아내고자 하였습니다.

3·1운동을 준비하던 민족대표들, 〈독립선언서〉의 인쇄, 탑골공원에 모였던 학생들과 군중들, 이들의 함성은 서울에서 출발하였습니다. 그리고 3·1운동은 전국으로 확산되었고, 대한민국 임시정부를 비롯해 무장독립활동과 의열투쟁, 국내외에서 전개된 각종 항일독립운동의 시발점이 되었습니다.

오늘날 우리가 그날의 뜻을 되새기며 3·1절 기념식을 가지듯이 광복 이전에도 매년 3월 1일은 대한민국 임시정부를 비롯해 국외 독립운동 단체들이 조국독립의 신념을 되새기며 기념식을 거행하였던 가장 뜻깊은 날이었습니다. 일제가 한국인들의 동태를 가장 삼엄하게 감시했던 날도 바로 3월 1일이었습니다. 그런 면에서 3·1운동이 시작되었던 100년 전 서울의 3·1운동 현장들을 둘러보고 그곳에 새겨진 선조들의 항일독립정신을 다시금 배우는 것은 매우 의미가 있다고 하겠습니다.

이 책은 3·1운동을 준비하고 기획했던 공간, 실제 3월 1일 만세 시위의 현장과 시위대의 노정, 도심 밖으로의 만세운동 확산 현장, 일제에 체포되어 재판받고 옥고를 치르다가 순국의 길로 떠난 열사들의 흔적을 따라가는 답사기입니다.

아울러 부록으로 민족대표 33인의 면모를 일목요연하게 알 수 있는 공간을 마련하였습니다. 우리가 흔히 교과서와 위인전을 통해 알고 있는 손병희와 한용운 이외에 다른 민족대표 33인들은 과연 어떤 인물들이었으며, 3·1운동 당시 그들의 모습과 이후 어떠한 활동을 하였는지 알 수 있도록 간략하게 정리하였습니다.

아무쪼록 이 책을 통해 100년 전 서울 3·1운동의 자취와 역사 현장, 그리고 그곳에서 목숨을 걸고 만세를 외쳤던 분들의 숭고한 뜻을 알 수 있기를 바랍니다. 끝으로 책이 나오기까지 시민과 함께 현장을 답사하며 글로 풀어 낸 집필자와 연구원 및 관계자 여러분들에게 감사드립니다.

2019. 12

서울역사편찬원장 **이상배**

차례

첫 번째 이야기

서울 3·1운동의 시작을 찾아가다

성주현 숭실대학교 HK연구교수

답사코스

❶ 천도교중앙대교당
〈독립선언서〉 배부 터

❷ 승동교회
학생들이 3·1운동을 모의한 곳

❸ 이상재, 최린 집터(현 헌법재판소)
민족과 친일의 공간

❹ 손병희 집터(현 북촌미술관)
3·1운동의 민족대표들을 이끌었던 손병희의 집터

❺ 유심사 터
불교계 3·1운동의 근거지

❻ 중앙고등학교
'3·1운동의 산실' 중앙고등학교 숙직실

답사일시 : 2019년 3월 9일(토)
강사 : 성주현(숭실대학교 HK연구교수)

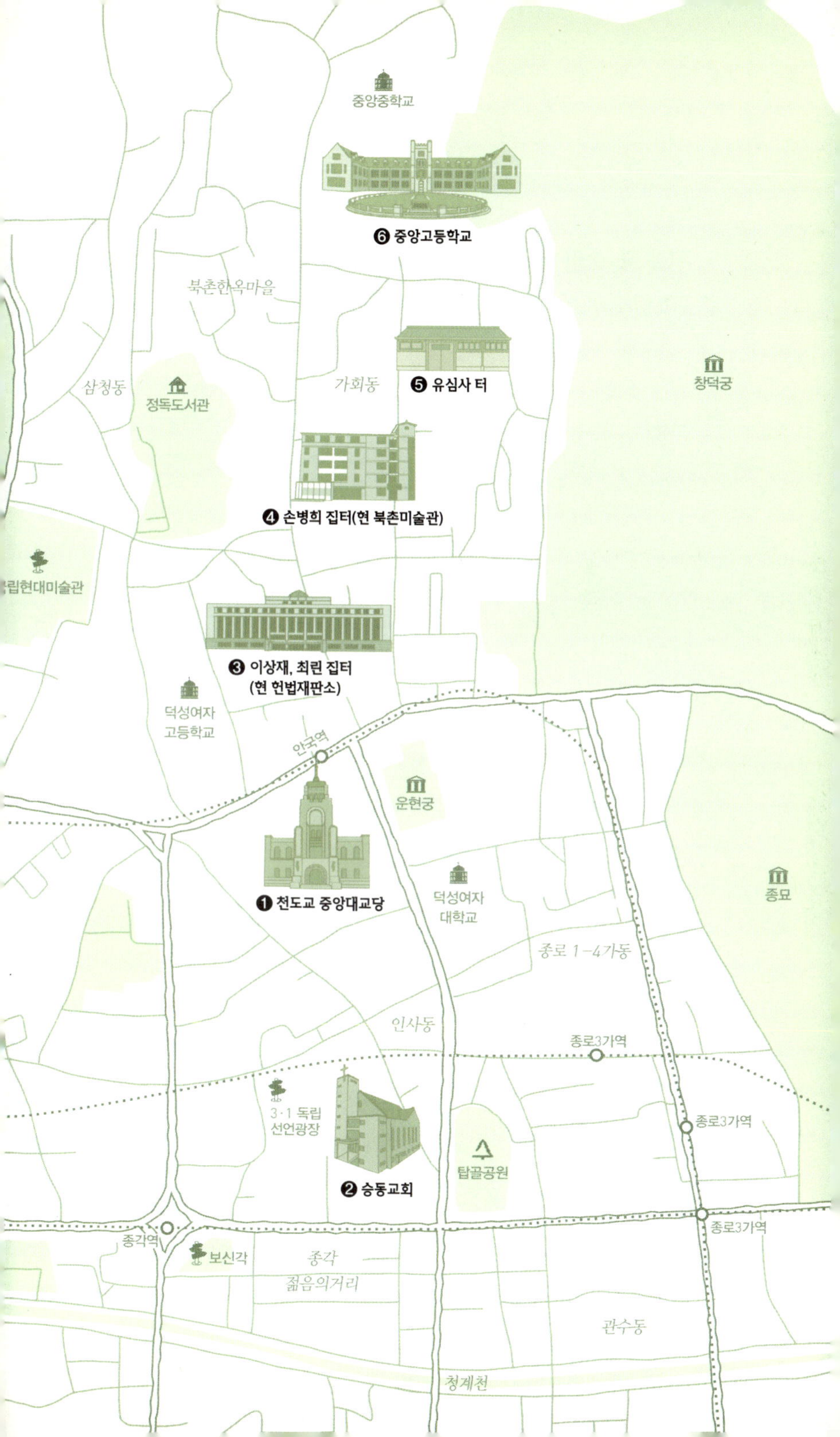
중앙중학교
❻ 중앙고등학교
북촌한옥마을
❺ 유심사 터
가회동
창덕궁
삼청동
정독도서관
❹ 손병희 집터(현 북촌미술관)
립현대미술관
❸ 이상재, 최린 집터
(현 헌법재판소)
덕성여자
고등학교
안국역
운현궁
❶ 천도교 중앙대교당
덕성여자
대학교
종묘
종로 1-4가동
인사동
종로3가역
3·1 독립
선언광장
종로3가역
탑골공원
❷ 승동교회
종각역
보신각
종로3가역
종각
젊음의거리
관수동
청계천

천도교 중앙대교당 앞 〈독립선언서〉 배부 터

'100년'이 갖는 의미는 무엇일까. 우리는 '100'이라는 숫자를 중요하고 의미 있게 생각한다. 특히 3·1운동 100주년을 맞는 2019년에는 그 의미가 더 깊다. 이번 '100년'은 단순히 3·1운동뿐 아니라 대한민국 임시정부 수립의 역사가 100년이라는 역사적 사실도 강조한다.

3·1운동 100주년을 맞아 서울역사편찬원에서 서울지역 3·1운동 현장답사 프로그램을 기획하였다. 첫 번째 이야기로 3·1운동을 기획하고 준비했던 역사적 현장을 주제로 삼았다. 3·1운동은 3월 1일부터 시작해 5월 말까지 전국적으로 전개되었다. 그렇다고는 해도 3월 1일 이후만 3·1운동과 관련된 것은 아니다. 3·1운동의 시작은 일제강점 이후 해방을 위한 노력을 시작한 그 순간부터 시작되었다고 해도 과언이 아니다. 3·1운동은 바로 그 노력이 전국적으로 발현된 것이다.

손병희

3·1운동이 태동한 현장은 서울 북촌 일대이다. 북촌은 종로구 재동, 가회동, 삼청동 일대를 일컫는 마을로 청계천과 종각의 북쪽에 자리하고 있어 붙여진 지명이다. 조선시대 왕족이나 양반층이 많이 거주하고 있어 힘깨나 있던 권세가 동네였고, 일제강점기에는 3·1운동을 태동시킨 현장이기도 하다. 옛 영화가 남아 지금도 부촌으로 인식되고 있다. 최근에는 서울의 대표적인 한옥마을로 알려지면서 관광객들로 북적거린다.

이번 답사에서는 3·1운동 100주년을 맞아 100년 전 그 현장을 되새겨 본다. 지하철 3호선 안국역 5번 출구를 나와 50m 정도 가면 오른쪽으로 붉은 벽돌 건물이 보인다. 서울특별시 유형문화재 제36호로 지정된 천도교 중앙대교당이다. 1919년 7월에 착공하여 1921년 2월에 준공되었으니 '100년의 역사'를 안고 있다. 그간의 짧지 않은 세월만큼 한국 근현대의 역사를 오롯이 기록하고 있다. 그래서인지 주말이면 역사의 흔적을 찾아보기 위해 어린 학생이나 어른들이 적게는 10여 명에서 많게는 20~30명까지 찾아온다.

이곳은 3·1운동 민족대표 손병희孫秉熙의 영결식을 치른 현장이기도 하다. 그 밖에도 일제강점기 인력거꾼이라 불리던

최제우

차부車夫들이 모임을 하고 자신들의 권리를 외친 곳이기도 하다. 무엇보다도 방정환이 어린이 운동을 전개한 '어린이들의 고향'이다.

천도교 중앙대교당은 천도교를 상징하는 건물이다. 천도교는 동학東學에 연원을 두고 있다. 동학은 1860년 음력 4월 5일(양력 5월 7일) 경주 현곡면 가정리 용담정에서 최제우崔濟愚에 의해 창명되었다. 최제우는 동학을 창명한 이후 자신의 집에 있던 두 여자 몸종을 며느리와 수양딸로 삼았다. 당시로서는 파격적인 '사건'이었다. 신분제도가 철저하게 지켜지던 시대에 '신분 해방'이라는 카드를 사회에 제시한 것이다.

동학은 성리학의 신분제인 반상班常의 차별과 적서嫡庶의 차별을 강하게 비판하였다. 이 때문에 당시 차별받던 계층에서 동학은 일종의 '메시아'였다. 동학은 시천주侍天主의 만민평등사상, 후천개벽後天開闢의 혁세사상, 척왜양斥倭洋의 민족주체사상, 유무상자有無相資의 경제 공유라는 사상을 내세웠다. 동학은 경주를 중심으로 경상도 일대, 그리고 경기도 남부까지 영향을 미쳤다. 최제우를 이은 최시형崔時亨은 호서와 호남, 강원도와 황해도까지 교세를 확장하였으며 1894년에는 반봉건 반외세의 기치로 동학농민운동을 이

천도교 중앙대교당

천도교 중앙대교당 입구

끌었다. 이후 동학의 최고지도자로 부상한 손병희는 동학농민운동 이후 일본으로 망명하였으며, 근대 문명을 경험하고 1905년 12월 1일 동학을 천도교天道教로 개칭하였다.

1906년 1월 일본에서 귀국한 손병희는 근대적 종교의 표준은 '교당'이라고 인식하였다. 이 때문에 무엇보다도 교당을 건립하고자 하였다. 그동안 같이 탄압을 받았던 서학西學(천주교)도 이미 1892년 명동성당이 건립을 시작해 천도교는 교당의 필요성을 더욱 절감하였다. 이에 당시 교단의 최고책임자였던 손병희는 교당 설립을 겸하여《대한매일신보》에 광고를 16회나 게재했다.

> 무릇 우리 종교(동학)는 천도의 근원으로 천도교라 한다. 지금까지 46년 동안 신앙하는 사람이 광다廣多하지만 교회당이 없는 것은 심히 유감이다. 지금은 인문이 열려 종교 신앙의 자유가 만국의 공례公例이다. 교당의 건축도 자유도 대부분 이루어지고 있다. 천도교 교회당을 크게 세우는 것 역시 하늘과 사람이 따르는 것이 일대 표준이라. 동포 제군은 모두 혜량惠亮해 주시기 바람.
>
> 교회당 건축 시작은 금년 2월에 시작함
>
> 천도교 대도주 손병희

동학농민운동 민족기록화

천도교는 1905년 교당을 건립하려고 노력하나 뜻을 이루지 못하고 3·1운동 이후에야 결실을 보았다. 현재 모습의 천도교 중앙대교당 건립에 대해 논의를 시작한 것은 1918년 음력 4월 5일이었다. 음력 4월 5일은 천도교의 창명일로 지금도 '천일기념일天日記念日'이라고 하는 천도교의 최대의 기념일이다. 원래는 음력으로 하였으나 현재는 날짜를 그대로 양력으로 옮겨 양력 4월 5일을 천일기념일로 한다. 1918년 천일기념일 기념식을 마치고 부구총회部區總會에서 교당을 짓기로 하였는데, 이는 당시 천도교와 대립적이었던 시천교侍天教 교당보다 크게 세우고자 하는 의지도 있었기 때문이다. 시천교는 1906년 친일파였던 이용구를 추종하는 세력들이 동학 내에서 출교당한 후 따로 종문을 연 친일종교였다. 당시 시천교 교당은 천도교 중앙대교당에서 얼마 떨어지지 않은 곳에 있었다. 이 때문에 종교간 보이지 않은 경쟁의식이 강했다.

중앙대교당은 1920년 4월 낙성 예정이었으나 3·1운동의 여파로 1919년 7월에 착공하여 1921년 2월에 준공하고 2월 28일 낙성식을 했다. 공사의 책임은 천도교 간부 오영창, 설계는 일본인 건축가 나카무라 요시헤이[中村與佐平], 시공은 중국인 화상총회장 장시영張時英이 각각 맡았다. 한·중·일의 합작으로 건축되었다고 할 수 있다. 설계사 나카무라 요시헤이는 천도교 중앙대교당 외에도 현재의 서울 중앙고등학교 서관과 동관, 현 군산 근대건축관(옛 조선은행 군산지점), 현 덕수궁 미술관 등을 설계하였다.

중앙대교당은 현재 수운회관 자리에 있던 천도교중앙총부와 같이 건축되었는데, 당시로서는 상당히 큰 금액이 들어갔다. 《매일신보》에 의하면 '30만 원의 대교회당' 건축을 목표로 교인들이 술과 담배를 끊고 부업으로 모은 성금으로 충당한다고 하였다. 그러나 조선총독부는 '전란(제1차 세계대전)' 중에 경제적으로 곤란할 뿐 아니라 거액을 들여 교당을 짓는 것은 불가하다며, 원래 계획의 절반인 15만 원 정도만을 교당 건립에 사용하도록 하였다. 원래의 계획대로 건축했다면 현재 중앙대교당의 두 배에 달하는 규모이다. 조선총독부는 교인들의 성금이 독립운동 자금으로 쓰일 것을 우려해 건축 규모를 축소시키고, 모금된 건축 성금을 돌려주도록 압력을 가하였다. 그러나 교인들은 돌려받은 성금을 무기명으

중앙대교당 내부

천도교청년당 제2회 전국대표대회(1928년 4월 3일)를 마친 천도교 청년들

일제강점기 천도교 행사

로 다시 납부하였다.

중앙대교당이 들어선 대지는 원래 윤치오尹致旿의 소유로 1,500여 평을 천도교가 매입하였고 교당은 이 중 건평 305평 규모로 신축되었다. 총공사비는 현재 수운회관 자리에 있었던 천도교중앙총부 건축비를 포함하여 20만 3,800원가량이 투입되었다. 완공된 중앙대교당은 3,000명을 수용할 수 있는 규모였다.

중앙대교당은 건립되자 명동성당, 경성역과 함께 장안의 명물이 되었다. 《별건곤》에 의하면 "중간 기둥 하나 없이 훈련장같이 넓은 마루에 2,500명 이상 근 3,000명이나 들어앉을 수 있는 집은 조선에 이 집 하나뿐입니다. 이 집 4층 누각에 올라가면 온 장안 집집이 앞뒤 마당까지 들여다보이는 것도 이야깃거리입니다."라고 소개하기도 하였다.

천도교 중앙대교당은 천도교의 종교의식 외에도 일반 행사를 하는 '성聖과 속俗'이 함께 공존하는 공간이 되었다. 낙성 이후 천도교는 매주 일요일 오전 11시에 시일식侍日式을 봉행하였다. 1월 18일은 도일기념道日紀念, 4월 5일은 천일기념天日紀念, 8월 14일 지일기념地日紀念, 12월 1일은 교일기념教日紀念(현재는 현도기념顯道紀念), 12월 24일은 인일기념人日紀念 등의 종교행사가 있다. 천도교 중앙대교당 건축 이후 처음 열린 1921년 음력 4월 5일 천일기념일에는 무려 4,000여 명이 운집하였다. 그야말로 인산인해였다. 종로경찰서는 기마騎馬 순

방정환

잡지《어린이》

세계 어린이 운동 발상지 비석

사들이 총으로 무장하고 엄중 경계를 섰다. 종교의식이 있을 때면 언제나 중앙대교당은 교인들로 가득 메워졌다. 중앙대교당 안으로 들어가지 못한 교인들은 마당에서 삼삼오오 모여 도담을 나누기도 하였다.

이처럼 천도교 중앙대교당은 종교의식을 하는 '성聖'의 공간이었지만, '속俗'의 공간으로도 많이 활용되었다. 일제강점기에는 조선학생대회 창립 1주년 기념식, 반도고학생 강연회, 학생웅변대회, 학우회 강연, 야나기 가네코[柳兼子] 독창회, 관동대지진 조난동포 1주년 추도회, 전조선형평대회, 전조선소년소녀 작품전람회, 무도대회, 학술강연 등 다양한 집회와 문화공연이 천도교 중앙대교당에서 개최되었다.

천도교 중앙대교당은 이외에도 우리나라 어린이 운동의 산실이 된 장소이기도 하다. 어린이날 행사는 늘 이곳에서 열렸다. 김기전과 방정환은 천도교 중앙대교당을 찾는 어린이를 경어敬語로 맞이하였다. 방정환이 어른과 어린이를 울리고 웃기면서 구연동화를 한 곳도 이곳이다. 천도교 중앙대교당 정문 왼쪽에 있는 '세계 어린이 운동 발상지' 비석이 이를 증명하고 있다. 이후 일제강점 말기에는 군용 피복 공장으로 징발당하였고, 6·25전쟁 시 일부가 파괴되기도 하였으나 원형을 복원하여 현재에 이르고 있다.

해방 후에도 천도교 중앙대교당은 여전히 중요한 행사의 집회 장소로 활용되었다. 특히 정치 관련 행사 대부분을

대교당 앞의 독립선언서 배부 터 표석

강의를 듣는 답사 참가자들

이곳에서 개최해 '정치 1번지'로 불리게 되었다. 그 밖에도 1990년대 후반까지 결혼식장으로도 널리 활용되었다.

붉은 벽돌로 된 중앙대교당의 건축 양식은 르네상스 이후 17~18세기 유럽에서 유행한 바로크풍이다. 바로크 양식은 감각적 풍요, 극적 효과, 생동감이 특징이다. 이 때문에 이 중앙대교당은 천도교의 성격을 전혀 느낄 수 없다고 혹평을 받기도 하였다. 훗날 천도교 교령을 역임한 공진항은 천도교 중앙대교당이 건립된 당시에 '미국식 상관商館이나 공장'같이 보인다고 말한 바 있다.

천도교 중앙대교당은 3·1운동과도 매우 밀접한 관련이 있다. 천도교는 3·1운동 민족대표 15인을 배출하였고 〈독립선언서〉의 인쇄를 책임졌다. 천도교에서 경영하고 이종일이 사장으로 있는 보성사에서 〈독립선언서〉 2만여 매를 인쇄하여 당시 중앙대교당을 건축하기로 한 경운동 88번지 옆 87번지에 있는 민족대표 이종일의 집에 보관하였다.

이종일은 딸과 함께 2월 28일부터 〈독립선언서〉를 비밀리에 배포하였다. 배포한 선언서는 전국으로 전달되었고 마침내 만세 함성이 전국 각지에서 진동하였다. 이와 관련하여 천도교 중앙대교당 정문 오른쪽에는 '독립선언문 배부터'라는 표석이 자리하고 있다. 표석에는 "3·1독립운동 거사를 위해 천도교 대표 등이 모여 독립선언문을 검토 배부하던 곳"이라고 쓰여 있다.

학생들이 3·1운동을 모의한
승동교회

이번에 찾아가는 장소는 승동교회이다. 지하철 1호선 종각역 1번 출구를 나와 인사동 방향으로 가다 보면 남인사동마당과 한국미술관을 만나는 삼거리가 있다. 승동교회는 한국미술관 맞은편 좁은 골목을 따라 들어가면 붉은 벽돌로 우뚝 솟은 건물이다.

승동교회에 들어서면 '3·1독립운동 기념터'라는 표석이 먼저 눈에 띈다. 여기에는 "3·1독립운동 거사를 위해 학생대표들이 모의하였던 곳"이라고 새겨져 있다. 그 옆에는 '승동교회와 3·1운동'이라는 안내판이 하나 더 세워져 있다. 3·1운동 100주년을 맞는 2019년은 유난히 많은 시민이 이곳을 찾았다.

1919년 들어 각 계층에서는 만세운동을 기획하고 있었다. 1월 26일 당시 승동교회 청년면려회青年勉勵會 회장을 맡은 김원벽金元壁은 YMCA 간사 박희도, 보성전문학교 강기

승동교회 전경

3·1독립운동 기념터 표석

김원벽

덕, 보성전문학교 졸업생 주익, 경성의학전문학교 김형기 등과 함께 승동교회에서 학생지도자회의를 개최하고 독립선언을 하기로 결의하였다. 미국 대통령 윌슨의 민족자결주의에 고무되어 있던 이들은 회의 개최 이후 독립운동 계획을 구체적으로 세워가기 시작하였다.

그러던 중 2월 23일 박희도로부터 3월 1일 탑골공원에서 민족대표들이 독립선언식을 연다는 통고를 받게 된다. 이들은 그동안 준비해온 만세운동 계획을 취소하고 곧바로 천도교와 기독교, 불교 등 종교계에서 추진하는 독립선언에 동참하기로 결정하였다. 그리고 2월 28일에는 이갑성으로부터 〈독립선언서〉 1,500매를 전달받아 각 학교 대표에게 배포하여 3·1만세 시위를 서울뿐 아니라 지방으로도 확산시키는데 중요한 역할을 한다. 이처럼 승동교회는 3·1운동과 관련된 중요한 역사 현장이다.

승동교회 청년면려회 회장 김원벽은 2월 25일 기독교 민족대표 이필주의 집에서 학생대표들을 소집하고 3월 1일 오후 2시까지 탑골공원에 학생들을 집결시켜 민족대표들과 함께 만세 시위를 전개할 것을 결의하였다. 당일 민족대표들이 태화관에 모여 독립선언식을 거행하자 이를 중간에서

승동교회 옆모습

승동교회 내부

연락하기도 하였다. 3월 1일 학생들을 지휘하여 만세 시위를 독려하고, 3월 5일 서울역 광장에서 만세 시위를 주도하다가 일본 경찰에 잡혀 2년간 서대문형무소에서 옥고를 치렀다.

승동교회의 첫 교당은 1898년 곤당골(현 소공동 롯데호텔)에 건립되었으나 소실되고 1905년 8월 현재의 위치로 이전하여 오늘에 이르고 있다. 1913년 2월 헌당식을 가진 예배당은 2001년 서울특별시 유형문화재 제130호로 지정되어 있다.

승동교회가 현재의 위치에 자리 잡을 당시에는 이곳을 인사동으로 부르지 않고 '승동承洞'이라고 불렀다. 지금의 조계종이 있는 지역은 사동寺洞, 곧 '절골'이라고 하여 사동과 연결되어 있었다.

승동교회를 들어가는 입구 왼편에 걸려 있는 옛 사진들이 승동교회의 역사를 말해주고 있다. 1893년 미국 북장로회 선교사 무어(Samuel F. Moore)와 신도 16명으로 시작된 승동교회는 우리나라 근대사의 현장이기도 하다. 무어 선교사는 미국 일리노이주에서 태어나 1892년 맥코믹신학교를 졸업하고 한국에 왔다. 한글을 빨리 배우기 위해 서민 교인들과 함께 생활하고, 입국 6개월부터 기도와 함께 성경을 가르쳤다고 한다. 16명으로 시작한 승동교회 앞에는 실개천이 흐르고, 주변에 고운 담장들이 둘러쳐져 있어서 곤담골이라 하였는데, 사람들이 부르기 편하게 곤당골이라고 불렀다. 이로 인해 곤당골교회라고 불렸다. 1899년에는 한국에 있는 모든 교회 가운데 중심 역할을 잘 감당해야 한다는 각오로 이름을 중앙교회로 바꾸기도 하였다.

무어 선교사

무어 선교사는 당시 남아 있던 한국의 신분차별 철폐에 관심을 두고 포교 과정에서도 적극적으로 이를 실천하였다. 당시 가장 차별받던 신분의 하나인 백정들을 교회로 인도하였다. 이와 같은 무어의 모습에 반기를 든 일부 교인은 1895년 분립하여 홍문섯골(홍문동)교회를 세웠다. 그렇지만 무어는 백정을 중심으로 교회를 확장해 나갔다. 이로 인해 승동교회는 '백정교회', '상놈교회'로 불렸다. 이외에도 승동교회는 대가집 소실小室들과 장인匠人, 백정들이 다닌다고 하여 '첩장교회'라고도 하였다. 그만큼 교회 신도 중에는 낮은 신분의 사람들이 많았다. 그중 대표적인 인물이 박성춘朴晟春이다.

박성춘은 신분이 백정이었다. 아들 봉출이 중병에 걸렸을 때, 무어 선교사가 고종의 시의侍醫인 에비슨(Oliver R. Avison)을 데리고 와서 치료해 준 인연으로 곤당골교회에 나가기 시작하였다. 박성춘은 서울을 비롯하여 수원, 평택, 양주 등 경기도 일대를 돌아다니며 포교를 하였다. 그 결과 백

박서양

정과 천민 출신의 교인들이 예배당을 가득 메울 정도였다. 박성춘은 독립협회에서 개최한 만민공동회에서 '충군애국忠君愛國'이라는 내용으로 강연을 하기도 했다. 구사일생으로 살아난 박성춘의 아들 봉출은 이후 박서양으로 개명하고 세브란스의학교를 제1회로 졸업해 의사가 되었다. 박서양은 모교에서 후진 양성에 노력하다가 1918년 만주로 이주하여 독립운동가들을 치료하는 데 앞장섰다.

승동교회는 독립운동가 여운형과도 인연이 있다. 여운형이 승동교회와 인연을 맺은 것은 1908년이다. 당시 22세였던 여운형은 고향인 양평을 떠나 상경하여 선교사 클라크의 조수로 일하기 위해 승동교회를 찾아갔다. 1914년 진링대학[金陵大學, 현 난징대학]으로 유학을 떠나기 전까지 6년간 승동교회에서 시무로 활동하였다. 1918년 신한청년당을 조직하여 3·1운동에 영향을 끼쳤으며, 3·1운동을 계기로 조직된 대한민국 임시정부에서 외무차장, 의정원 의원 등을 역임하였다.

이후 여운형은 YMCA 운동부장을 맡아서 우리나라 최초의 야구부인 YMCA 야구단을 이끌고 1912년 일본 도쿄에

여운형

서 원정경기를 하였다. 평소 운동을 즐겼던 여운형은 조선중앙일보사 사장으로 있던 1936년 8월 10일 손기정이 베를린올림픽 마라톤 경기에서 금메달을 땄다는 소식을 듣고 처음으로 국내에 호외 기사를 게재하였다. 8월 13일에는 손기정의 가슴에 있는 일장기를 지우고 시상식 장면의 사진을 그가 사장으로 있던 《조선중앙일보》에 게재하였다. 이른바 일장기 말소 사건의 시초였다.

이어 《동아일보》에서도 8월 25일자 기사에 일장기를 삭제한 사진을 게재하였다. 이 사건으로 여운형은 조선중앙일보 사장에서 물러났고, 1937년 《조선중앙일보》는 폐간되었다.

민족과 친일의 공간,
이상재와 최린 집터

승동교회를 나와 우리가 향한 곳은 헌법재판소이다. 이곳은 지하철 3호선 안국역의 2번 출구로 나와 도로를 건너 조금 올라가는 곳에 있다. 지금은 헌법재판소이지만, 일제강점기 독립운동가 이상재李商在와 3·1운동 기획의 일익을 담당한 최린崔麟이 살던 곳이다. 이 둘은 각각 기독교와 천도교를 대표하는 인물이기도 하다. 그러나 오늘날 이상재는 독립운동가로, 최린은 친일파로 평가되고 있다.

이곳에 먼저 살았던 최린은 3·1운동의 기획자였으나 후에 변절을 한 인물이다. 최린은 1878년 함남 함흥에서 태어났다. 호는 고우古友, 천도교인으로 도호道號는 여암如菴이다. 어릴 적 이름은 김바우[金岩]이다. 1895년 서울로 올라오지만, 시국이 어지럽고 혼란하여 각지를 유람하다가 1902년을 전후하여 개화파 인물들이 조직한 일심회一心會에 가입했다. 그러다가 일심회가 유길준의 쿠데타 음모사건과 관련하

헌법재판소 전경

최린

여 정부로부터 내사를 받게 되자 1902년 3월 일본 오사카로 망명하였다. 얼마 지나지 않아 일심회 관계자가 석방됨에 따라 같은 해 8월 귀국하였다.

이후 1904년 10월 황실특파 유학생으로 다시 일본으로 건너가 최남선 등과 도쿄부립 제일중학교에 입학하였다. 1905년 을사늑약 당시에는 일본인 교장의 발언을 문제 삼아 유학생을 규합하여 동맹휴학을 주도하기도 하였다. 이듬해 1906년 9월 메이지대학[明治大學] 법률과에 입학하고, 대한유학생회와 대한학회의 부회장과 회장 등으로 활동하였다.

그는 1906년 10월 도쿄의 한 전시장에 '에도막부시대의 도쿠가와 이에야스에게 절하는 조선 임금[朝鮮王來朝]'이라는 인형을 진열해 놓은 것에 항의해 한국인 학생들과 함께 그곳을 습격한 이른바 '국화인형전시장사건', 그리고 1907년 3월 와세다대학에서 열린 모의국회에서 일본인 학생이 '조선왕'을 '일본의 화족華族'으로 삼아야 한다고 주장한 것에 항의해 다른 한국인 학생들과 함께 집단 자퇴를 감행한 '와세다대학 모의국회사건'을 주도한 바 있다.

최린은 1909년 귀국 후 일본 유학 시절에 두 차례 만

이상재

난 적이 있는 손병희를 찾아가 1910년 10월 25일 천도교에 입교하고 이를 계기로 1910년부터 1922년까지 12년 동안 현재의 헌법재판소가 있는 재동 68번지에서 생활하였다. 그러나 실제로 이곳에서 생활한 것은 3·1운동이 일어난 1919년 3월 1일까지였다. 3년의 옥중생활을 제외하면 대략 9년 정도 살았다고 할 수 있다. 현재 이곳에는 최린과 관련된 안내문은 전혀 보이지 않는다. 이는 1930년대 이후 중추원 참의, 매일신보사 사장 등 일제에 협력한 이력 때문이다.

그러나 변절하기 전의 최린은 천도교에서 인수한 보성고등보통학교 교장으로 재임하면서 3·1운동 준비과정에서 주도적 역할을 하였다. 〈독립선언서〉의 기초, 기독교 및 불교와의 연합을 성사시켰다. 그러나 서대문형무소에서 3년의 옥고를 치른 후 일제의 회유에 넘어가 친일행위를 한 것은 그의 인생에서 커다란 오점으로 남았다. 이제는 그가 살던 곳 어디서도 그를 기억하는 사람이 없다. 다만 이상재의 집터를 찾아 주변의 이야기를 언급할 때 잠시 스쳐 갈 뿐이다.

헌법재판소 정문을 들어가 오른쪽으로 10m 정도 걸어가면 조그만 안내석이 하나 있다. 바로 '이상재 집터'이다.

표석 앞에서 강의를 듣는 답사 참가자들

이상재 집터 표석

안내석에는 "이상재(1850~1927)는 한말 및 일제강점기에 활약한 정치가·사회운동가이다. 서재필 등과 함께 독립협회를 구성하여 만민공동회를 개최하였고 1927년에는 민족주의를 표방하여 좌·우익이 합작하여 만든 사회단체인 신간회新幹會의 초대회장이 되었다."라고 간단하게 이력이 새겨져 있다. 그렇다면 이상재는 어떤 인물일까.

이상재는 충남 서천 출신으로 고려 말 충신으로 알려진 이색李穡의 후손이다. 개화파인 박정양의 문객이었으며, 1881년 조사시찰단朝士視察團의 일원으로 일본을 시찰하고 근대문명을 경험하였다. 1884년 인천에 우정분국이 설립되자 분국장으로 임명되지만, 갑신정변으로 물러났다. 1887년 초대 주미공사로 박정양이 부임되자 주미외교서기관으로 미국에서 외교관으로 첫발을 내디뎠다. 이후 학부아문에서 교육과 관련된 업무를 담당하기도 하였다. 1896년 독립협회가 조직되자 연설가로 활약하고 외국인 선교사 및 개화파 인물들과 교류하였다. 만민공동회에서 정부 고위직에 있었음에도 정부의 비합리적인 시책을 비판할 정도로 강직한 편이었다.

1902년 '개혁당사건'으로 한성감옥소에 수감되고 이때 기독교에 입교하였다. 1904년 5월 석방되자 보안회를 조직하여 일본인의 황무지 개간권에 대하여 반대운동을 전개하였다. 이후 황성기독교청년회(YMCA) 교육부장을 맡아 청년들을 대상으로 계몽운동을 적극적으로 전개하였다.

만민공동회

3·1운동 당시에는 민족대표로 참여하지는 못했지만, 관련자로 일제에 체포되어 3개월간 옥고를 치렀다. 출옥 후 민립대학설립운동을 주도하고, 소년척후단 조선총연맹의 초대 총재로 활동하였다. 1925년 3월 흥업구락부를 조직하고 초대 회장이 되었다.

1924년 조선일보사 사장으로 추대되어 친일 언론을 민족 언론으로 탈바꿈시키고, 1927년 2월 17일 민족주의계와 사회주의계가 연합하여 조직한 신간회의 초대 회장으로 추대되었다. 당시 건강 악화로 병석에 있었으나 민족독립의 열망을 누구보다 갈망하던 이상재는 회장직을 수락하였다. 그

민립대학설립운동 사진

이상재의 사회장

러나 한 달여 뒤인 3월 29일 78세의 일기로 생을 마쳤다. '민중의 거인'으로 추앙받던 이상재의 장례식은 우리나라 최초의 사회장으로 진행되었다.

헌법재판소 경내는 이상재가 1922년부터 삶을 마감하는 1927년 3월까지 5년여간 지낸 삶의 현장으로, 비록 초라한 안내석뿐이지만 그가 걸었던 삶의 흔적을 떠올릴 수 있게 해준다.

한때 이상재와 최린이 살았던 터와 그 일대는 개화파 인사들이 살던 곳이다. 헌법재판소의 상징이기도 한 백송白松이 지키고 있는 지금의 자리는 개화파의 시조로 평가받는 박규수의 집터였다. 박규수의 가르침을 받던 개화파 박영효는 경운동에, 김옥균은 현재의 정독도서관 자리에, 서재필은 현재의 덕성여자중학교 자리에, 그리고 서광범은 현재 헌법재판소 자리에 살면서 근대문명을 지향하였다. 이들 개화파 인사들은 1884년 갑신정변의 주역으로 활동하다가 일부는 비참한 말로를 걷기도 하였다.

이상재가 살던 집터 옆에는 또 하나의 표석이 눈길을 끈다. 다름 아닌 옛 제중원濟衆院 안내석이다. 제중원은 1885년 개원한 우리나라 최초의 서양식 국립병원이다. 처음 명칭은 광혜원廣惠院이었다. 의료선교사 알렌(Horace N. Allen)의 건의를 받은 고종은 1885년 2월 29일 광혜원을 설치하였다. 그러나 광혜원은 2주 만에 백지화되고 1885년 3월 12일

헌법재판소 경내에 있는 백송

박규수 집터 표석

제중원이라는 이름으로 개원한다. 개원 이후 환자들이 늘어나자 1886년 10월경 한성부 남부 동현의 왕실 소유 부지(을지로2가 옛 외한은행 본점 자리)로 이전하였다.

제중원은 1885년 국립병원으로 개원하여 의료 활동을 시작하지만 오래 존속하지는 못하였다. 1894년 6월 갑오개혁의 행정기구 개편 때 내무아문 아래 위생국을 설치하고 종두種痘와 의약 및 전염병 예방 업무를 담당하게 하면서 7월 18일 위생국에 통합되었다. 개항기 의료를 담당한 제중원은 자그마한 표석 하나로 자신의 이름을 지키고 있다.

한편 현재 헌법재판소가 있는 자리 일부는 개항기 근대 교육의 현장이기도 하다. 가장 먼저 자리를 잡은 교육기관은 관립 한성고등여학교였다. 이 학교는 통감부 시기인 1908년 4월 1일 설립된 최초의 관립 고등여학교로 여성에게 필요한 고등보통교육과 기예를 전수할 목적으로 세워졌다. 학제는 2년제의 예과와 3년제의 본과를 설치하여 5년의 과정을 마치도록 하였다. 물론 통감부의 실제 설립 목적은 기존의 항일적인, 민족적인 여성 교육의 확대를 막기 위한 것이었다.

그나마 한성고등여학교의 명맥도 오래 이어가지 못하였다. 한일강제병합 이후인 1911년 8월 〈조선교육령〉에 따라 공립으로 전환되고 학교 이름도 경성여자고등보통학교로 바뀌었다. 그러나 무엇보다도 교육과정이 대폭 개편되어 식민지 여성으로 해야 할 역할을 가르치는 식민교육이 강화

제중원과
제중원 터 표석

되었다. 경성여자고등보통학교는 1938년 경기고등여학교로 다시 명칭이 바뀌었다. 해방 이후 1947년 6년제 경기여자중학교를 거쳐 1952년 경기여자중학교와 경기여자고등학교가 분리되었다. 이후 1971년 경기여자중학교는 폐교되었고, 경기여자고등학교는 1988년 강남구 개포동으로 이전하였다.

헌법재판소의 제중원 터에는 1947년 창덕여자중학교가 들어섰다. 이 학교는 원래 1941년 4월 경성 제3공립고등여학교로 개교하였다. 최초에는 일본인 학교였으나 해방 후 서울시가 인수하고 1947년 초 학교 명칭을 서울 제3여자중학교로 변경하였다. 1949년에는 창덕여자중학교로 교명을 변경하였다. 1951년에 창덕여자중·고등학교로 개편하였다. 이후 창덕여자중학교는 1973년 중구 정동으로 이전하고, 창덕여자고등학교는 1989년 송파구 방이동으로 이전하였다.

광혜원과 제중원이 있던 곳, 최린과 이상재가 살던 곳, 그리고 한성고등여학교가 자리하던 곳은 현재 헌법재판소가 있다. 1993년 6월 현재 청사로 이전한 헌법재판소는 법령의 합헌성 여부를 판정하기 위하여 설치된 특별재판소로 그 역할을 다하고 있다.

경성여자고등보통학교

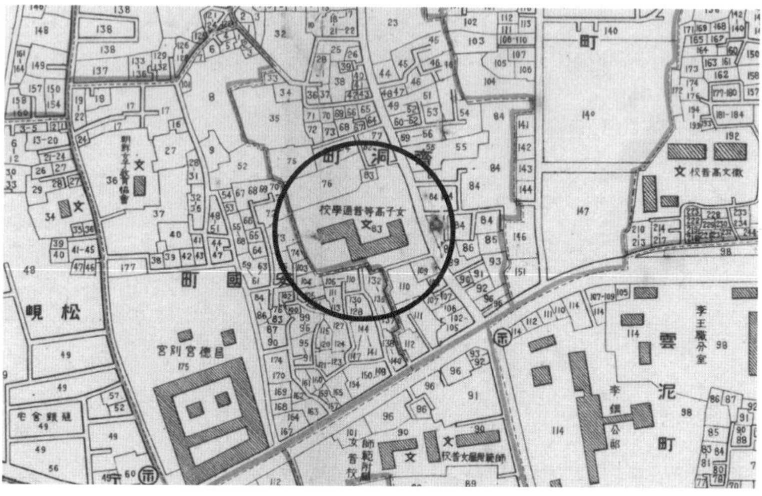

옛 지도에 표시된 경성여자고등보통학교

3·1운동의 민족대표들을 이끌었던 손병희의 집터

헌법재판소에서 북쪽으로 5분 정도 걸어가면 독립운동가이며 종교지도자로 활동한 손병희의 집터를 알리는 표석이 있다. 표석에는 "손병희(1861~1922) 선생은 구한말의 천도교 지도자이자 3·1운동을 이끈 독립운동가이다. 1897년에 동학의 제3대 교주가 되었으며, 3·1운동 때에는 민족대표 33인 중의 한 분으로 3·1운동을 주도하였다."라고 적혀 있다. 이곳은 현재 북촌미술관이 자리하고 있으나 1908년부터 1922년까지 손병희가 14년 동안 지낸 곳이다.

손병희는 충북 청주 출생으로 본관은 밀양, 어릴 적 이름은 응구應九였다. 청년기인 1882년 동학에 입도하였으며 도호道號는 의암義菴이다. 그의 삶은 동학 입도 이전과 이후로 확연하게 구분된다. 동학 이전의 삶은 그야말로 왈패였다. 중인 신분과 재가녀의 자식으로 태어난 손병희는 가정과 사회로부터 차별을 받았다. 어려서는 아버지를 아버지라고 부

손병희

르지 못하였다. 한번은 아버지가 자신을 부르는 것을 듣고도 대답을 하지 않은 일도 있었다. 아버지라고 부를 수 없던 당시의 봉건적인 집안에 대한 저항이었다. 결혼 초기에는 제사에 참여할 수 없자 곡괭이로 무덤을 파헤쳤다. 같이 제사를 지낼 수 없을 바에는 조상의 뼈를 따로 모시고 제사를 하려고 한 것이다.

그뿐 아니라 의협심이 강한 손병희는 사회적 차별에 대한 저항도 적지 않았다. 하루는 초정약수터에서 양반들이 약수터를 독차지한 일이 있었다. 손병희는 약수터에 양반과 상놈이 있느냐고 거칠게 몰아붙이면서 기다리는 사람들에게 약수를 나누어 주었다. 어느 날은 말꼬리에 사람을 매달고 달리자 단칼에 말꼬리를 자르기도 하였다. 그러나 신분의 제약으로 희망을 잃은 그는 잡기에 빠지기도 하였다.

동학에 입도하는 과정 역시 순탄하지 않았다. 동학을 하면 삼재팔난三災八難을 면할 수 있다면서 입도를 권한 손위 당질 손천민에게 손병희는 삼재팔난이 빨리 와서 이 세상이 망했으면 좋겠다고 말하기도 하였다. 그만큼 당시 불평등 사회에 대한 반감이 컸다. 그러나 광제창생廣濟蒼生과 보국안민輔國安民, 평등사상이라는 동학의 본질을 알게 된 손병희는 바로 동학에 입도한다.

손병희 집터 표석

동학에 입도한 이후 손병희는 그동안 자신의 삶을 지배해온 잡기와 난류배와의 교제를 완전히 끊고 새로운 사람으로 태어났다. 동학의 주문을 하루에 3만 번 읽고, 종교적 수양에 정진하였다. 그러나 손병희의 삶에 전환을 준 계기는 당시 동학의 제2대 교주였던 최시형과의 만남이었다. 최시형은 손병희의 됨됨이를 파악하고 그를 동학의 지도자로 성장시켰다. 1893년 보은에서 전개한 척왜양운동에서 대접주로 임명하고, 동학농민운동에서는 통령이라는 직책을 부여하였다. 이를 통해 손병희는 전봉준과 함께 우금치 전투를 치르는 등 생사고락을 같이하였다.

그러나 최시형과 전봉준이 체포되어 순국하고, 동학농

최시형

전봉준

민운동도 실패로 끝나고 말았다. 이에 손병희는 자신에게도 위험이 곧 닥칠 것으로 판단해 일본으로 망명하였다. 박영효 등 개화파 인물과 교류하던 손병희는 1904년 검은 옷을 입고 상투를 자르는 흑의단발黑衣斷髮을 통해 근대문명 개화운동을 전개하였다. 1905년 12월 1일에는 동학을 근대적 종교인 천도교天道教로 전환시켰다. 천도교는 이를 대고천하大告天下라고 한다. 그는 이어서 서울에 천도교중앙총부를 설치하고, 지방에 교구를 설치하는 등 근대 종교로서의 틀을 갖추어나갔다.

그러나 무엇보다도 손병희의 업적은 3·1운동을 지도하면서 민족지도자로의 길을 갔다는 점이다. 1910년 한일강제병합 이후 천도교인들에게 민족의식을 고취하는 한편 3·1운동 때에는 민족대표로 활약하였다. 강제병합 직후 조선총독부는 천도교 경전에 있는 '개 같은 왜적 놈'이라는 문구를 삭제하라고 요구하지만, 손병희는 스승님이 남긴 글이기 때문에 한 자도 삭제할 수 없다고 대응하였다. 민족대표로 3·1운동을 지도한 손병희는 서대문형무소에서 옥고를 치르던 중 중병을 얻어 보석되지만 병이 악화되어 1922년 5월 19일 세상을 떠났다.

생전에 손병희는 1906년 2월에 일본에서 귀국하여 서강西江에서 잠시 지내다가 1908년 가회동으로 이전하였다. 가회동은 조선 초에는 한성부 북부 가회방으로 불리다가

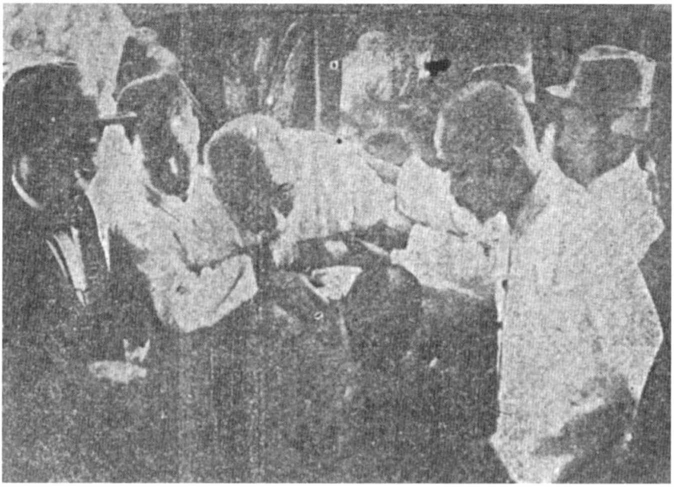

1920년 10월 24일자 《매일신보》의 손병희 보석 출소 기사 사진

孫氏葬送의日

근래처음보는굉장한장의 삼만명스승의마지막길

人山人海

교당외의잡답

奏樂으로敎堂을永訣

哀愁에싸힌慰靈式

十團體의代表로

손씨장의사진

1922년 6월 6일자 《동아일보》의 손병희 장례식 기사

손병희 묘소

1914년 4월 행정구역 개편 과정에서 맹현, 재동, 동곡, 계동 일부를 합쳐 가회동이 되었다. 1936년 가회정嘉會町으로 바뀌었다가 해방 후 가회동으로 복명되었다. 손병희의 가회동 집은 1920년 4월 천도교중앙총부에서 작성한 《가옥대장》에 의하면 312평의 대지였다.

손병희의 집이 이곳에 자리하게 된 것은 천도교중앙총부와 가깝기 때문이다. 당시 중앙총부는 송현동 34번지에 있었는데, 현재는 덕성여자중학교가 그 자리를 지키고 있다. 당시 손병희의 집 일대에는 천도교 소유의 가옥들이 적지 않았다. 가회동을 비롯하여 송현동, 재동, 안국동, 화동, 소격동, 경운동, 관훈동, 수송동, 숭인동, 견지동, 익선동, 돈의동,

북촌미술관

연지동, 원동, 계동, 관철동, 무교동, 간동 등지의 가옥들을 매입하였다. 이들 지역의 가옥은 대부분 중앙총부에서 활동하는 지도자들의 거처였다. 이들은 대부분 지방에서 올라왔기 때문에 일정한 거처를 마련하는 것은 부담이 되었다. 해결책으로 천도교는 이 일대의 가옥들을 사들인 것이다.

손병희가 살던 집터에는 안내 표석이 없다면 누구도 알지 못할 정도로 남아 있는 흔적이 없다. 이 표석은 한동안 가회동 주민센터 앞으로 옮겨지기도 하였으나, 현재는 다시 제자리를 찾아 표석으로나마 3·1운동 민족대표 손병희의 흔적을 느낄 수 있다.

현재 손병희 집터에 들어선 북촌미술관은 2005년 1월에 개관되었다. 전통 고미술부터 현대미술까지 폭넓은 예술적 관점과 해석이 자유롭게 소통될 수 있는 미술 전시공간을 마련하고 북촌의 역사문화유적지와 더불어 편안한 문화쉼터의 역할을 하고 있다.

불교계 3·1운동의 근거지, 유심사 터

지하철 3호선 안국역 3번 출구를 나와 북촌박물관을 지나서 언덕길을 따라 오른쪽으로 올라가면 목욕탕이 하나 있다. 이곳에서 우측 골목으로 대여섯 걸음을 옮기면 유심사惟心社 터가 있다. 유심사 터는 현재 게스트하우스 유심당으로 활용되고 있다. 들어가는 입구 옆에는 '3·1운동 유적지: 유심사 터'라는 안내판이 벽에 부착되어 있다. "3·1운동 당시 불교잡지 《유심惟心》을 발행하던 출판사가 있던 곳, 만해萬海 한용운韓龍雲(1879~1944) 선생이 이곳에서 불교계의 3·1운동 참여를 주도하였다."라고 안내하고 있다.

한용운이 발행한 불교잡지 《유심》은 1918년 8월 창간되었으며, 이해 12월까지 3호를 발행하고 종간되었다. 집필진으로는 한용운을 포함하여 최린, 최남선, 유근, 이광종, 이능우, 김남천, 강도봉, 서광전, 김문연, 임규, 박한영, 권상로, 현상윤, 홍남표 등이 참여하였다. 체제는 권두언, 논문, 소설, 잡

오늘날 게스트하우스 유심당이 들어선 유심사 터

한용운

조 순으로 꾸몄다. 창간호에 한용운의 〈조선청년과 수양〉, 최남선의 〈동정받을 필요 있는 자 되지 말라〉, 이능화의 〈종교와 시세〉, 서광전의 〈가정교육은 교육의 근본〉 등을 실었다.

《유심》을 발행한 한용운은 3·1운동 당시 민족대표 33인 중 한 명이며 불교계를 대표한 승려로,《님의 침묵》이라는 시집을 통해 문학가로도 널리 알려져 있다.《님의 침묵》에는 88편의 시를 수록하고 있는데, 대부분 민족의 독립에 대한 신념과 희망을 형상화하였다.

한용운은 충남 홍성에서 태어나 1896년 설악산 오세암에서 출가하였다. 불교 대중화를 위해 노력하고 1910년《불교유신론佛敎維新論》을 저술하여 불교의 혁신을 주장하였다. 1908년 일본을 방문하였을 때 최린과 교류하며 3·1운동의 동지가 되었다. 1927년 2월 신간회 결성을 주도하는 한편 중앙집행위원과 경성지회장으로 활동하였다. 1938년에는 자신이 직접 지도하던 불교계 비밀결사 단체인 만당卍黨이 일제에 의해 탄압을 받았는데, 김법린과 최범술 등 후배들이 검거되고 자신도 고초를 겪었다.

한용운이 머물며《유심》을 발행한 유심사는 전통한옥

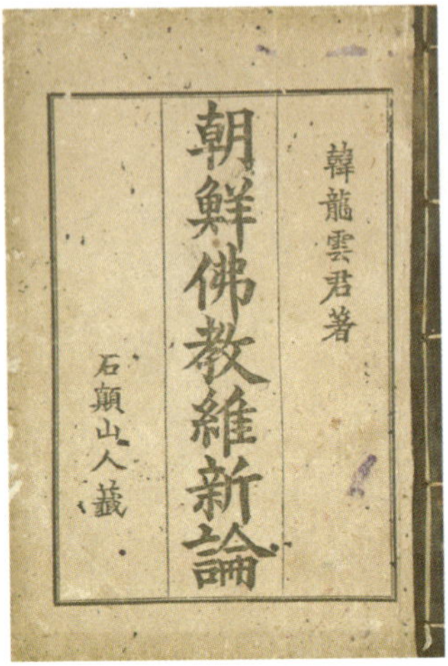

《불교유신론》

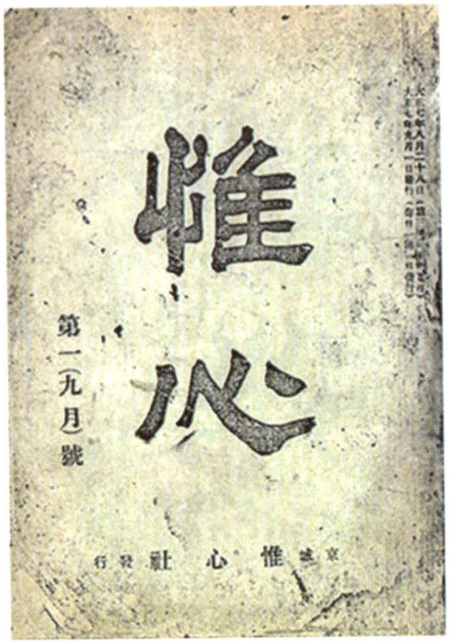

잡지《유심》

시집《님의 침묵》

석정보름우물

의 모습을 그대로 유지하고 있으며, 게스트하우스 유심당으로 북촌한옥마을을 찾는 관광객을 맞고 있다. ㄷ자형 한옥인 유심당의 객실은 풀방, 화방, 별방, 해방 등 4개로 구성되어 있다. 2003년 문화재청에서 근대문화유산으로 지정되었다. 유심사 터 주변에는 김성수金性洙 옛집, 북촌전통공예체험관, 한옥문화원, 북촌 주민들의 식수원이자 주문모 신부가 세례를 준 것으로 전해지는 석정보름우물 등 여러 볼거리가 있다.

'3·1운동의 산실'
중앙고등학교 숙직실

이번에 우리가 향한 곳은 유심사 터 위쪽에 위치한 중앙고등학교이다. 중앙고등학교에는 옛 숙직실이 있는데, 송진우, 김성수, 현상윤 등이 3·1운동을 계획한 장소이다. 중앙고등학교는 3·1운동뿐 아니라 6·10만세운동과 관련된 민족운동의 산실이다. 동관과 서관의 옛 교사校舍는 근대문화유산으로, 교문 입구의 느티나무는 보호수로 지정되어 있다.

중앙고등학교의 연원은 경기도와 충청도 우국지사들이 조직한 기호흥학회가《황성신문》1908년 6월 3일자에 '기호학교畿湖學校'라는 교명으로 학생을 모집한 것으로부터 찾을 수 있다. 당시의 학교 위치는 경복궁 건춘문 밖 길 건너편의 회관으로 대한제국 시기 육군위생원이 있던 자리였다.

초기의 기호학교는 1910년 9월 융희학교隆熙學校과 합쳐지고, 이해 11월 기호흥학회가 호남학회, 교남학회, 관동학회 등과 통합되어 중앙학회로 명칭을 개편함에 따라 학교

중앙고등학교 본관

이름도 중앙학교中央學校로 바뀌었다. 그러나 재정이 넉넉하지 못하던 중앙학회는 1915년 4월 김성수에게 인수되었다.

중앙학교를 인수한 김성수는 1917년 3월 교장으로 취임한 후 현재의 위치인 계동 1번지에 학교 대지를 마련하여 11월에 2층의 교사를 낙성하고 12월에 이전하였다. 신축 이전한 터는 대한민국 임시정부 국무총리를 역임한 노백린이 1916년 중국으로 망명할 때까지 거주한 곳이기도 하다. 현재 이를 알리기 위한 표석이 세워져 있다.

중앙고등학교 교사 중 본관, 서관, 동관은 근대문화유산으로 지정되었다. 박동진이 설계한 본관은 1937년 9월 준

노백린

공되고 현재는 사적 제281호로 지정되어 있다. 내부에는 H자형 평면의 중앙에 중세 고딕양식의 4층 탑을 두고, 1층에 현관을 두었다. 현관부와 만나 이어지는 긴 복도가 동서로 있고, 복도의 남측으로 교실들을 배치해 1층은 주로 교무실, 2층은 교실이 있다. 건물 좌우 돌출부에도 교실을 배치했다. 중앙 현관부의 개구부는 뾰족 아치로, 기타 창호는 모두 수평 아치의 창틀로 장식하였다. 이들 창틀은 잔다듬 화강석으로 정교하게 마무리하고, 벽체는 혹두기와 거친다듬의 화강석으로 바른층쌓기를 하여 중후하면서도 우아한 분위기가 풍긴다. 지붕은 박공지붕으로 지붕 내부에도 교실을 만들고, 채광과 환기를 위해 지붕창(Dormer)을 내었다.

사적 제282호로 지정된 서관은 서양풍의 근대식 건축물로 1921년 10월에 준공되었다. 붉은 벽돌조의 지상 2층 건물로 정원을 사이에 두고 동관 건물과 마주 보고 있다. 벽은 점박이 화강암 표석을 사용하고 잘 균제된 박공면에는 원형창을, 2층 가운데 창은 뾰족 아치로, 나머지 창호들은 수평 아치로 마감하였다. 지붕은 박공 경사지붕으로, 삼각형 지붕창을 내고 슬레이트 이음으로 마감하였다. 그 밖에 대부

중앙고등학교 서관과 동관

분의 교실 창은 수평선 인방引枋과 종석宗石을 도입하여 안정감을 더해주고 있으며, 삼각형의 다락 창을 도입하여 굴뚝과 함께 조화를 이룬 고딕양식의 건축물이다.

사적 제283호로 지정된 동관은 1923년 10월에 지어진 건물로 정원을 중심으로 반대쪽에 있는 중앙고등학교 서관과 마주 보고 서 있다. 지상 2층의 붉은 벽돌조 교사로 계획되었으며, 건물의 평면과 입면 형식은 서관과 거의 같다. 건물의 창문은 대부분 수평 아치로, 돌출된 박공면의 2층 창문은 뾰족 아치로, 수평 아치와 뾰족 아치에 회백색의 화강암을 끼워 넣어 통일된 붉은 벽돌의 외벽 면에 변화를 주었다. 박공형 지붕은 슬레이트 이음으로 마감하고 환기와 채광, 장

송계백

현상윤

식 효과를 위해 삼각형의 작은 돌출 창을 내고 굴뚝을 밖으로 노출하였다. 동관 건물은 T자 모양으로 서관과 비슷한 구조와 규모와 특징을 지닌 단순화한 고딕양식의 건축물이다.

3·1운동의 산실로 알려진 숙직실은 원래는 강당 앞쪽이 있었는데 지금은 강당과 예능관 가운데로 옮겨져 이전 한옥 기와 양식의 3·1기념관으로 복원되어 있다. 비록 3·1운동 당시의 숙직실은 아니지만 옛 모습을 볼 수 있다. 3·1운동을 준비하는 과정에는 천도교인, 기독교인, 학생 등 다양하게 참여하였다. 당시 중앙학교 교장이던 송진우, 김성수, 그리고 교사 현상윤 등이 숙직실에 모여 독립운동에 필요한 선언서 작성 등 만세 시위를 계획하였다.

특히 일본 도쿄에서 유학생들이 독립선언을 준비하면서 송계백이 〈2·8독립선언서〉를 가지고 국내로 들어왔을 때 바로 숙직실에서 당시의 상황을 설명하고 도움을 청하기도 하였다. 이러한 사실을 알게 된 손병희는 "청년들이 일본

송진우

김성수

에서 독립선언을 하는데 우리가 그냥 있으면 되겠는가."라고 하면서 최린에게 거사를 지시하였다. 이후 최린, 김성수, 현상윤 등이 모여 3·1운동을 보다 구체적으로 진행해 나갔다. 이와 같은 의미를 기리기 위해 동아일보사에서 1973년 6월 1일 학교 교정에 〈3·1운동책원비〉라는 비문을 세웠다.

중앙고등학교는 3·1운동 이외에도 6·10만세운동과도 관련이 깊다. 1926년 4월 26일 순종 승하를 계기로 천도교 구파, 사회주의 계열, 학생세력들이 연합하여 3·1운동과 같은 거족적 만세운동을 전개하기로 하였다. 그러나 준비과정에서 일제에 발각되어 계획대로 실행되지는 못하지만, 중앙고보 학생들은 격문 3만여 장을 인쇄하여 각급 학교에 배포하였다. 인산일인 6월 10일 대여大輿가 단성사 앞을 통과하자 당시 중앙고보 학생 이선호의 선창으로 '대한독립만세'를 외쳤다. 이날 만세 시위로 중앙고보 학생 이선호, 유면희, 이동환, 황정환 등 7명이 징역형의 옥고를 치렸다. 이를 기념하기 위해 교정에는 〈6·10만세기념비〉 안내판이 설치되어 있다.

이외에도 중앙고등학교 교정에는 다양한 볼거리가 있다. 중앙학교를 인수한 김성수의 동상이 본관 앞에 자리하고 있다. 김성수는 전북 고창 출신으로 일본 와세다대학을 졸업하고 귀국하여 중앙학교를 인수하였다. 3·1운동 이후에는 경성방직을 설립하고 물산장려운동에 참여하였으며, 양기탁 등과 함께 《동아일보》를 창간하였다. 1932년에는 고려대학교의 전신인 보성전문학교를 천도교로부터 인수하고 일제강점기에 교육운동 등 다양한 민족운동을 전개하지만, 일제 말기에는 조선임전보국단朝鮮臨戰報國團 참여하는 등 친일행적을 남겼다. 결국 그가 받았던 건국훈장 서훈은 2018년 취소되었고, 그의 호를 딴 고려대학교 앞의 도로명 '인촌로'도 '고려대로'로 개칭되었다.

교정 한편에는 민족시 〈빼앗긴 들에도 봄은 오는가〉로 널리 알려진 이상화李相和의 시비가 있다. 이상화는 일제강점기 민족 시인으로 칭송되는 대표적인 인물이다. 이상화는 이 시를 통해 일제강점기 민족 현실을 '빼앗긴 들'로 비유하였지만, 국토는 잠시 빼앗겼을망정 우리에게 민족혼을 불러일으킬 '봄'은 빼앗길 수 없다는 의지를 강하게 드러냈다. 시비에는 홍승현의 글씨로 '지금은 남의 땅-빼앗긴 들에도 봄은 오는가'로 시작되는 시가 일제강점기 민족의 아픔을 오롯이 대변하고 있다.

문학비로는 중앙교우회가 세운 〈백릉 채만식 문학비〉가 있다. 채만식蔡萬植은 1922년에 중앙고등학교를 졸업하였으며 1924년 단편 〈세길로〉로 문단에 데뷔하였다. 문학비에는 채만식의 문학 활동에 대해 간략하게 기록하고 있다. 개교 100주년을 맞아 문학적 업적을 기리기 위해 세웠다. 이외에도 서정주徐廷柱의 시비도 있다. 〈국화 옆에서〉라는 시비이다. 시 〈국화 옆에서〉는 그의 대표적인 작품으로 1947년 11월 9일자 《경향신문》에 발표되었다. 이 시는 지난날을 자성하고 거울과 마주한 '누님'의 잔잔한 모습이 되어 나타난 '국화꽃'에서 서정미를 잘 드러내고 있다는 평가를 받고 있다. 그렇지만 그 역시 일제 말기 친일행적으로부터 자유롭지 못하다.

중앙고등학교 교정에서 흥미로운 볼거리는 〈한국 스카우트 발상비〉이다. 한국 스카우트의 역사는 1922년 조직된 조선소년군朝鮮少年軍에서 시작된다. 당시 중앙고보 체육교사인 조철호趙喆鎬가 조국광복과 민족갱생 노력의 하나로 청소년의 심신을 단련하고 민족주의와 자유사상을 배양하기 위하여 조직하였다. 《동아일보》 1922년 10월 7일자에 의하면 "중앙고등보통학교에서 교편을 잡고 있는 조철호 씨 외 여러 유지의 발기로 조선에서 처음으로 조선소년척후단을 조직하여, 오후 네 시 반에 발회식"을 중앙학교 후원에서 열었다. 첫 스카우트는 8명으로 시작되었다. 지금이야 '스카우트'라고 하지만 조직 당시에는 소년군, 척후단, 동자군, 의용단 등으로 불렸다. 신문에 함께 게재된 사진에는 '푸른 모자에 누런빛을 띤 연회색 군복을 입고 분홍빛 휘장을 달고 홍백의 척후기'를 든 늠름한 8명의 스카우트의 모습을 확인할 수 있다. 이 발상비 역시 중앙학교 개교 100주년을 기념해 중앙교우회에서 세웠다.

복원된 숙직실 모습

두 번째 이야기

1919년 3월 1일, 만세 시위 현장 속으로

최우석 독립기념관 연구원

답사코스

❶ 보성사 터(현 조계사)
〈독립선언서〉를 만들고 배포했던 인쇄소

❷ 태화관(현 태화빌딩)
3월 1일 민족대표들이 모여 독립선언식을 거행한 장소

❸ 탑골공원
3·1운동의 시작점

❹ 보신각
자유의 종소리를 염원했던 보신각 앞 3·1운동 만세시위 장소

❺ 대한문
3월 1일 해방된 광장!

❻ 한국은행 앞 3·1운동 기념 표석
조선총독부로 향한 만세시위 결집지

답사일시 : 2019년 3월 16일(토)
강사 : 최우석(독립기념관 연구원)

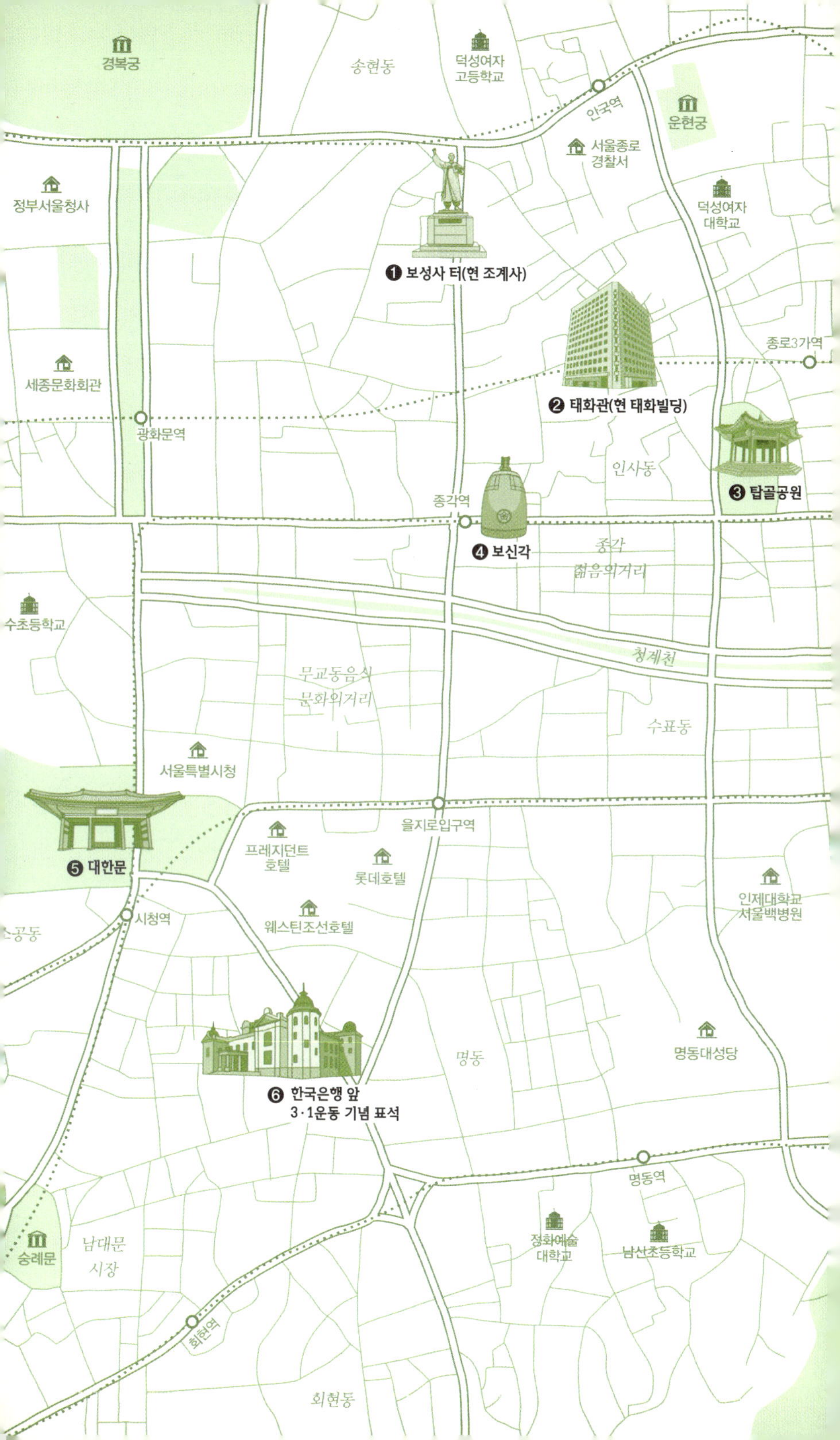
경복궁
송현동
덕성여자 고등학교
안국역
운현궁
서울종로 경찰서
정부서울청사
덕성여자 대학교
❶ 보성사 터(현 조계사)
종로3가역
세종문화회관
❷ 태화관(현 태화빌딩)
광화문역
인사동
❸ 탑골공원
종각역
❹ 보신각
종각 젊음의거리
수초등학교
청계천
무교동음식 문화의거리
수표동
서울특별시청
을지로입구역
프레지던트 호텔
롯데호텔
❺ 대한문
인제대학교 서울백병원
시청역
웨스틴조선호텔
명동
명동대성당
❻ 한국은행 앞 3·1운동 기념 표석
명동역
숭례문
남대문 시장
정화예술 대학교
남산초등학교
회현역
회현동

〈독립선언서〉를 만들다,
보성사 터

이번 답사는 1919년 3월 1일, 그날 만세운동이 어떻게 전개되었는지, 그 행적을 쫓아가는 코스이다. 그리고 첫번째 코스가 바로 이곳 종로구 수송동 80-7번지에 있는 수송공원이다. 종로구 빌딩 숲 한가운데의 한적한 이곳에는 3·1운동을 준비하던 중요 장소가 바로 이 자리였음을 알리는 표석이 세워져 있다. 〈독립선언서〉를 만든 보성사 터 표석이 그것이다. 그리고 〈독립선언서〉를 인쇄하는 데 가장 큰 역할을 했던 이종일李鍾一의 동상 또한 수송공원에 있다.

그러나 사실 1919년의 보성사는 수송공원이 아니라 맞은편에 있는 현재 조계사 경내에 있었다. 사적지 표석의 경우에는 본래 위치에 최대한 가까운 곳에 설치하는 것이 원칙이나 사유지이기 때문에 천도교계 인쇄소이던 보성사의 위치를 현재 조계종 중심지인 조계사에 둘 수는 없었다. 그래서 부득이하게 바로 그 옆인 수송공원에 표석과 기념비,

수송공원

보성사 터 표석

그리고 보성사 사장이었던 이종일의 동상까지 세워지게 된 것이다.

1919년 당시 보성사가 있던 위치는 수송동 44번지로 현재 조계사가 위치한 자리다. 수송동 44번지에는 출판사인 보성사만 있었던 것이 아니다. 보성중학교, 보성전문학교, 보성사가 한 부지를 함께 사용하고 있었다. 1905년 고종의 측근이던 이용익이 보성중학교, 보성전문학교를 이곳에 세웠다. 을사늑약 이후 실각한 그는 1907년 사망하였고, 학교 경영이 어려워지면서 1910년에 천도교에서 인수하여 1919년에 이르게 되었다.

천도교는 학교뿐 아니라, 천도교계 인쇄소로 보성사를 운영하면서 출판의 자유가 억압되던 1910년대에도 《천도교회월보天道教會月報》를 비롯한 천도교계 도서와 교과서 인쇄 등을 진행하였다. 민족대표 33인 중 한 명인 이종일은 보성사 사장으로 〈독립선언서〉를 인쇄하고 배포하는 중요한 임무를 담당하였다. 그는 족보를 인쇄한다는 명목으로 가장하여 몰래 선언서 인쇄를 준비하였다.

선언서 인쇄를 위한 선행 단계는 두 단계로 진행되었다. 최남선을 통해 선언서의 본문을 만드는 과정과 선언서에 서명할 사람들을 모으는 과정으로 진행되었다. 1919년 1월 말에 의뢰된 선언서 본문 작성은 1919년 2월 20일 무렵 최남선에 의해 완성되었다. 하지만 선언서 마지막을 장식할 민

옛 보성사(사진 우측 회화나무 뒷 건물)와 보성학교(사진 중앙) 모습

족대표 명단을 만드는 과정은 이때까지도 지지부진했다. 처음 천도교계에서는 사회적인 대표성을 획득하기 위해 대한제국기 고위 관료들을 민족대표 명단 서명자로 포섭하는 작업을 진행하였다. 그러나 2월 15일 전후까지 그 접촉은 지지부진했고, 이때부터 천도교에서는 급선회하여 기독교와 불교계를 규합한 종교 대표들을 중심으로 민족대표 명단을 구성하게 되었다. 보름 남짓한 시간 동안 급박하게 민족대표를 구성하려고 했기에 그 범위는 제한적일 수밖에 없었다. 유림대표의 서명도 구하려고 했으나 시간상으로 불가능하였다.

민족대표 33인의 최종적인 명단이 완성된 시점은 2월 26~27일 사이였다. 보성사에서 진행된 〈독립선언서〉 인쇄는 매우 급하게 이루어질 수밖에 없었다. 그런데 이러한 인쇄 과정에서도 선언서에 실린 이름은 일정한 순서가 있었고, 이를 위해 몇 차례의 명단 교체도 있었다. 천도교 대표 손병희, 장로교 대표 길선주, 감리교 대표 이필주, 불교 대표 백용성 순으로 먼저 각 종교 대표 이름을 명시하고 그 이후에는 가나다순으로 명단을 작성하였다. 물론 시간이 촉박했기 때문에 완전한 순서는 아니었다. 그리고 명단 조판 역시 마지막까지 바뀌었기 때문에 줄간격이 일정하지 않았다. 〈독립선언서〉에 찍힌 활자 하나하나에 당시의 급박함이 함께 인쇄되었던 것이다.

2월 27~28일 사이에 인쇄가 진행된 〈독립선언서〉는 보성사 사장인 이종일의 집으로 옮겨 전국 각지로 발송하였

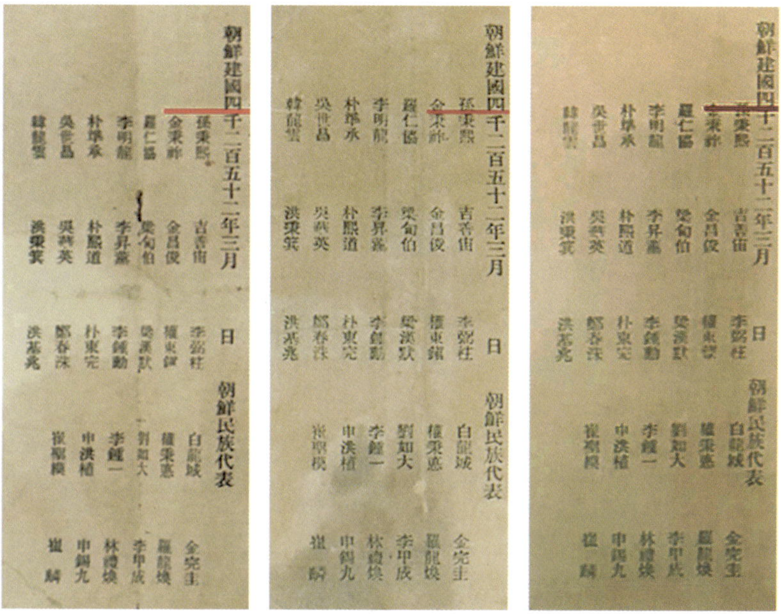

朝鮮建國四千二百五十二年三月 日 朝鮮民族代表

孫秉熙 吉善宙 李弼柱 白龍城 金完圭
金秉祚 金昌俊 權東鎭 權秉悳 羅龍煥
羅仁協 梁甸伯 梁漢默 劉如大 李甲成
李明龍 李昇薰 李鍾勳 李鍾一 林禮煥
朴準承 朴熙道 朴東完 申洪植 申錫九
吳世昌 吳華英 鄭春洙 崔聖模 崔麟
韓龍雲 洪秉箕 洪基兆

〈독립선언서〉 명단의 조판이 다른 모습(빨간색 선을 기준으로 명단 간격이 다르다)

이종일 동상

보성학교와 보성사 기념 조형물

다. 인종익 2,000매, 인장덕 2,000매, 김홍렬 3,000매, 이관 50여 매, 이경섭 1,000매, 이갑성 1,500매, 김창준 600매, 함태영 1,200매, 한용운 3,000매씩 가져가서 전국 각지로 배포하였다.

보성사에서 인쇄한 〈독립선언서〉 인쇄 매수는 두 가지 설이 충돌하고 있다. 일제 측 기록에는 2만 1,000매라고 되어 있고 인쇄를 담당한 이종일의 《묵암비망록》에는 3만 5,000매라고 기록되어 있다. 자료의 출처만을 본다면 인쇄를 직접 담당한 이종일의 비망록에 더 신빙성이 있을 것 같지만 안타깝게도 이종일의 《묵암비망록》은 원자료가 망실되어 현재 전하는 내용에는 부정확한 측면이 많다. 그렇기 때문에 현재의 자료적 상황에서는 2만 1,000매 설이 조금 더 유력한 상태다.

긴박한 인쇄 과정 중에는 두 차례의 큰 위기가 있었다. 종로경찰서에서 근무하던 한국인 형사 신승희에게 선언서 인쇄가 발각되는 상황이 있었고, 보성사에서 이종일의 집으로 선언서를 옮기는 과정에서 검문을 당해 들통 날 뻔한 상황도 있었다. 이동 중에 벌어진 검문에서는 족보라고 속여 넘길 수 있었지만, 신승희에게 발각된 상황은 호락호락하지 않았다.

신승희는 종로경찰서의 명령을 받아 2·8독립선언 이후 천도교계의 동향을 정탐하고 있었다. 그러던 중 보성사에서 진행하던 〈독립선언서〉 인쇄 사실을 발견한 것이다. 이종일은 신승희에게 한 번만 눈 감아달라고 사정을 하고 손병희에게 다급히 달려가 5,000원의 돈을 변통해 그의 품에 찔러 넣어주었다. 신승희는 그 돈을 받고서 조용히 돌아갔고, 다행히 3·1운동은 계획대로 진행될 수 있었다.

이 당시 신승희에게 건네준 5,000원이라는 돈은 2019년 화폐 가치로 환산하면 대략 4억 원가량의 가치를 지닌다(당시 하급 교원이나 순사의 월급은 22~27원 정도였다). 이후 신승희의 행적에 대해서 여러 이야기가 있었다. 돈을 받고 나서 바로 기차를 타고 만주로 도망갔다가 죽었다느니, 잡혀서 끌려오던 중 기차에서 뛰어내려 자살했다는 이야기 등이다. 하지만 이는 모두 잘못된 이야기들이다.

신승희는 천도교로부터 돈을 받은 이후에도 멀쩡하게 종로경찰서 소속 형사로 활동하면서 3·1운동을 탄압하였다. 그러던 중 천도교 내부 자금 담당자를 수사하던 과정에서 그가 천도교로부터 5,000원과는 별개의 돈을 추가로 받은 사실이 확인되었다. 신승희는 천도교를 정탐하는 과정 중에 역으로 밀정 역할을 제안한 천도교계 자금 담당자로부터 300원가량의 돈을 추가로 받은 것이다.

이러한 사실이 발각되어 1919년 5월 15일 신승희는 지방 출장을 마치고 도착한 남대문역(현 서울역) 앞에서 경성헌병분대에 잡혀 끌려가 조사를 받고 바로 그 다음 날 사망하

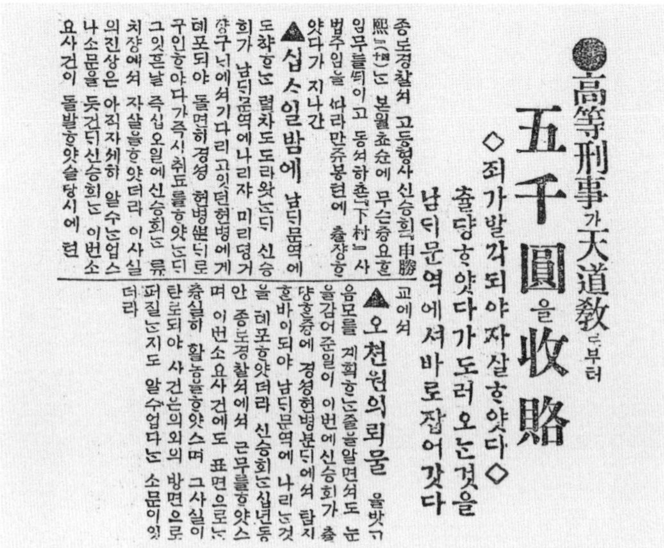

高等刑事가 天道敎로부터 五千圓을 收賄

◇죄가발각되야자살ᄒᆞ얏다◇

출당ᄒᆞ얏다가도려오는것을

남ᄃᆡ문역에셔바로잡어갓다

종로경찰셔 고등형사신승희(申勝熙)(卅五)ᄂᆞᆫ 본월초순에 무슨중요ᄒᆞᆫ 임무를ᄯᅴ이고 동셔하촌(下村)사법주임을 ᄯᅡ라만쥬봉텬에 출장ᄒᆞ얏다가 지나간

▲십ᄉᆞ일밤에 남ᄃᆡ문역에 도착ᄒᆞᄂᆞᆫ 렬차도도라왓ᄂᆞᆫᄃᆡ 신승희가 남ᄃᆡ문역에나리쟈 미리뎡거쟝구내에셔기다리고잇던헌병에게 톄포되야 돌면히경셩 헌병분ᄃᆡ로 구인ᄒᆞ야다가즉시취됴를ᄒᆞ얏ᄂᆞᆫᄃᆡ 그잇흔날 즉십오일에신승희ᄂᆞᆫ 류치쟝에셔 자살을ᄒᆞ얏더라 이사실의진상은 아직자셰히 알수ᄂᆞᆫ업스나소문을듯건ᄃᆡ신승희ᄂᆞᆫ 이번소요사건이 돌발ᄒᆞ얏슬당시에 텬교에셔

▲오쳔원의뢰물 을밧고 음모를 계획ᄒᆞᄂᆞᆫ줄을알면셔도 눈을감어준일이 이번에신승회가 출당ᄒᆞᆫ즁에 경셩헌병분ᄃᆡ에셔 탐지ᄒᆞᆫ바이되야 남ᄃᆡ문역에 나리ᄂᆞᆫ것을 톄포ᄒᆞ얏더라 신승희ᄂᆞᆫ십년동안 종로경찰셔에셔 근무를ᄒᆞ얏스며 이번소요사건에도 표면으로ᄂᆞᆫ 츙실히 활동을ᄒᆞ얏스며 그사실이 탄로되야 사건은의외의 방면으로 퍼질ᄂᆞᆫ지도 알수업다ᄂᆞᆫ 소문이잇더라

1919년 5월 22일자 《매일신보》의 신승희 체포 기사

였다. 공식적인 기록에서 확인된 사망 사유는 아편중독에 의한 자살로, 그의 사망 장소는 경성헌병분대가 아닌 자택으로 조작되었다. 훗날 윤치호는 경찰 측 간부들이 그의 사망 원인을 자살이 아닌 고문치사라고 자신에게 털어놓았음을 자신의 일기장에 적었다.

일부에서는 천도교 자금 담당자로부터 받은 300원은 수사 자료가 있기 때문에 확실한 사실이지만 〈독립선언서〉와 관련된 내용은 당시의 신문기사와 해방 이후의 좌담회 및 회고록에 기초한 내용이므로 그것에 의문을 표하기도 한

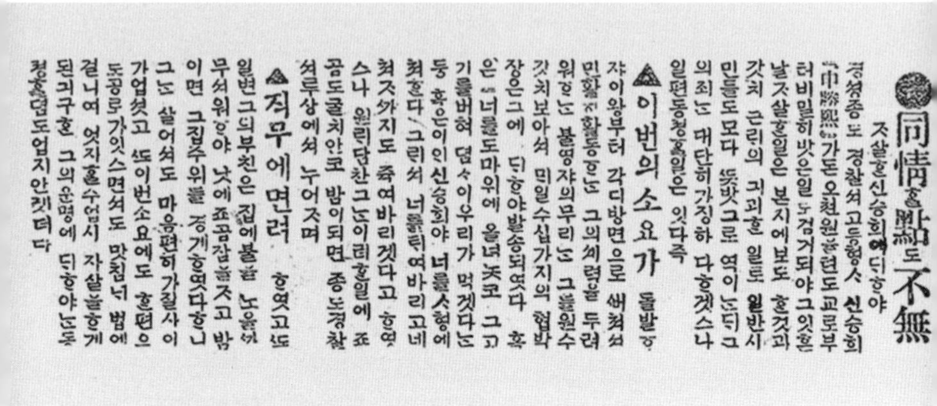

同情ᄒᆞᆯ點도不無

ᄌᆞ살ᄒᆞᆫ신승희에 ᄃᆡᄒᆞ야

경성종로 경찰서고등형ᄉᆞ 신승희(申勝熙)가돈오천원을 련도교로부터비밀히밧은일노검거되야 그잇흔날ᄌᆞ살ᄒᆞᆫ일은 본지에보도 ᄒᆞᆫ것과갓치 근리의 긔괴ᄒᆞᆫ 일로 일반시민들도모다 뜻밧그로 역이ᄂᆞᆫ데그의죄ᄂᆞᆫ 대단히가징하 다ᄒᆞ겟스나일편동정ᄒᆞᆯ일은 잇다즉

△이번의소요가 돌발ᄒᆞᄌᆞ이왕부터 각디방면으로 새쳐셔민활ᄒᆞᆫ활동ᄒᆞᄂᆞᆫ 그의셰력을 두려워ᄒᆞᄂᆞᆫ 불령쟈의무리ᄂᆞᆫ 그를원수갓치보아셔 미일수십가지의 협박장은그에 ᄃᆡᄒᆞ야발송되엿다 혹은『너를도마위에 올녀놋코 그고기를버혀 뎜ᄉᆞ이우리가 먹겟다ᄂᆞᆫ둥 혹은이인신승희야 너를ᄉᆞ형에쳐ᄒᆞᆫ다』그리셔 너를틔여바리고네쳐ᄌᆞᄭᅡ지도 죽여바리겟다고 ᄒᆞ엿스나 원리담찬그ᄂᆞᆫ이러ᄒᆞᆫ일에 조곰도굴치안코 밤이되면 종로경찰셔루상에셔 누어자며

△직무에면려 ᄒᆞ엿고또일변그의부친은 집에불을 노을셔무셔워ᄒᆞ야 낫에조곰잡을자고 밤이면 그집주위를 경계ᄒᆞ엿다ᄒᆞ니그ᄂᆞᆫ 살어셔도 마음편히가질사이가업셧고 또이번소요에도 ᄒᆞᆫ편으로공로가잇스면셔도 맛침ᄂᆡ 범에걸니여 엇지ᄒᆞᆯ수업시 ᄌᆞ살을ᄒᆞ게된긔구ᄒᆞᆫ 그의운명에 ᄃᆡᄒᆞ야ᄂᆞᆫ또동정ᄒᆞᆯ뎜도업지안켓더라

1919년 5월 25일자 《매일신보》의 신승희 사망 기사

다. 하지만 체포 하루 만에 고문으로 사망할 정도라면 그에게 주어진 혐의는 매우 크다고 봐야 할 것이다. 아마도 작은 죄명은 아닐 것이다.

신승희는 악질형사로 한국인을 괴롭혔기 때문에 3·1운동 당시 많은 사람의 원망을 사서 때려죽여야 할 사람으로 지목되곤 했다. 그렇지만 아이러니하게도 그가 돈을 받고 〈독립선언서〉에 관해 입을 다물지 않았더라면 3·1운동은 만세 함성을 외치기 이전에 일망타진되었을 것이다.

실제로 3·1운동과 마찬가지로 대대적으로 준비되었다가 사전에 발각되어 운동 주도층이 일망타진되어 운동이 축소된 예가 있다. 바로 1926년의 6·10만세운동이다. 6·10만세운동은 천도교계와 조선공산당이 연합하여 운동을 대대적으로 준비하였다. 이때도 천도교계의 출판사인 개벽사를 통해 운동에 관한 각종 격문을 인쇄하였는데, 이때는 준비해둔 격문이 사전에 노출되어 대검거가 이루어지면서 학생들만의 소규모 운동으로 진행되었던 것이다.

윤치호

마침내 〈독립선언서〉는 전국 각지로 퍼져나가기 시작했다. 2월 28일 밤에서 3월 1일 새벽 사이에 서울 도심 거리에도 선언서가 뿌려졌다. 이를 입수한 조선총독부 경찰들은 3월 1일 오전에 대책을 논의하였다. 그러나 그들에게는 운동이 실제로 일어날 것이라는 확신이 없었다. 선언서에 명기된 민족대표들이라도 검거하려고 했지만, 이미 늦은 선택이었다. 급습한 민족대표들의 거처에는 아무도 없었다. 모임 장소로 나선 민족대표들을 사전에 검거할 수 없었다. 3·1운동의 시작이 다가오고 있었다.

1919년 3월 1일 서울과 동시에 만세 시위가 진행되던 평양·진남포·안주(이상 평안남도), 선천·의주(이상 평안북도), 원산(함경남도) 등 7개 도시에도 〈독립선언서〉가 배포되었다. 의주와 선천 같은 경우에는 선언서 도착이 늦어져 독립선언식 직전까지 〈2·8독립선언서〉로 먼저 행사 준비를 하고 있기

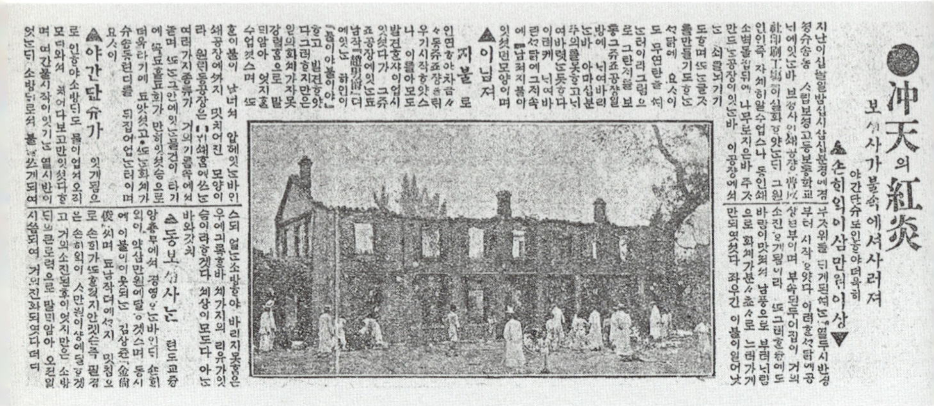

沖天의 紅炎

보셩사가 불속에서 사러져

야간단슈도 인호야 더욱히

▲손히익이 삼만원이상▼

1919년 6월 30일자 《매일신보》의 보성사 화재 기사

조계사 경내에 있는 회화나무

도 했다. 그래도 모든 도시에 늦지 않게 〈독립선언서〉가 도착했다. 기차가 선언서와 만세 함성을 전국 방방곡곡으로 전달하였다. 이로써 3·1운동이 시작되었다.

당연하게도 천도교계 출판사 보성사는 3·1운동 직후 풍비박산 났다. 보성사 전체가 압수수색당하고, 관계자들은 모두 체포되어 고초를 겪었다. 보성사가 텅 빈 1919년 6월 28일에는 이유 모를 화재로 인하여 보성사 건물이 전소하였다. 이를 두고 일제가 일부러 방화한 것이라는 소문이 횡행하였다.

이후 보성전문학교가 현재 고려대 위치로 이동한 뒤에 수송동 44번지는 불교계에서 매입하였고, 1940년 총본산 설립운동 추진과정에서 태고사(현 조계사)를 건립하였다. 태고사의 대웅전은 일제강점기 신흥종교 보천교의 본당이던 십일전을 옮겨 지은 것이다. 지금 보더라도 웅장한 건물이다. 바로 그 대웅전 앞마당에 선언서를 인쇄한 보성사가 있었다. 지금은 흔적도 남아 있지 않지만, 그 옆에 서 있던 500년 가까이 된 회화나무(서울특별시 지정 보호수 제78호)만이 보성사가 있던 자리를 알려주고 있다.

3월 1일 민족대표들의 집합 장소, 태화관

우리가 다음으로 향한 곳은 독립선언식이 거행된 태화관이 있던 지금의 태화빌딩이다. 1919년 3월 1일, 그 역사적인 날을 하루 앞둔 2월 28일 저녁에 민족대표들이 손병희 집에 모였다. 그들은 독립선언식 직전의 최종회합에서 선언식 진행 장소에 대한 중대한 결정을 내렸다. 기존의 탑골공원에서 태화관으로 변경한 것이다. 이는 이후 두고두고 민족대표들을 평가하는 중요한 선택 중 하나로 언급된다.

민족대표들이 독립선언식 진행 장소로 선택한 태화관은 특별한 사연이 있는 장소였다. 태화관은 본래 조선시대 중종이 자신의 딸이었던 순화공주를 위해 지어준 순화궁이 있던 곳이다. 이후 헌종의 후궁 경빈 김씨 사저로도 사용되었다. 그러한 태화관의 1919년 당시 소유주가 바로 우리가 다 아는 대표적 친일파 이완용이었다.

이완용의 집은 을사늑약 당시 불탔다. 그리고 그는 새

태화빌딩 전경

민족대표 33인

로운 거처를 찾아 이곳저곳을 옮겨 다니던 와중에 1907년 태화관을 소유하게 되었다. 그러나 이곳도 종로에서 워낙 가까웠고, 그는 또다시 성난 민중들에게 항의를 받을까 두려워 짧은 기간밖에 거처하지 않았다. 1912년 이완용은 옥인동에 새롭게 서양식 2층 저택을 지어 거처를 옮기고 태화관은 임대하였다.

태화관에는 현재에 빗대면 고급 한정식집이자 당시로는 궁중요리 전문점이던 명월관이 들어섰다. 명월관은 1903년 9월 17일 대한제국 시절 궁중의 음식·잔치를 담당하던 전선사典膳司 장선掌膳 출신 안순환이 세운 요릿집이었다. 그는 광화문 사거리, 현재의 일민미술관 자리에서 처음 명월관을 개점했다. 태화관은 1910년대에 명월관 분관으로 임대해 운영한 곳이다.

2월 28일 손병희 집에 모인 민족대표들이 태화관으로 장소를 옮긴 배경에 이완용의 소유였다는 사실이 어느 정도 영향을 끼쳤는지 자료로는 확인되지 않는다. 그러나 나라를 팔아버린 친일파의 소유지에서 독립선언이 이루어졌다는 사실은 분명 의미 있는 행위이며 일제의 감시도 어느 정도 피할 수 있는 기제로 작동했을 것이다.

1919년 3월 1일 독립선언식은 민족대표를 구성한 천도교, 기독교, 불교의 종교지도자뿐 아니라 서울지역 학생들 모임까지 합세하여 진행될 예정이었다. 그런데 민족대표들은 2월 28일 갑작스럽게 탑골공원에서 태화관으로 독립선언식 장소를 변경하면서 그 사실을 학생들에게 전달하지 않았다. 이는 3월 1일 오후 2시 독립선언식을 진행하기 위해 탑골공원에 모인 학생들에게 당혹감과 분노를 가져왔다. 학생대표 일부는 민족대표들이 탑골공원으로 올 것을 요구하며 태화관으로 향하기도 하였다.

그렇다면 왜 민족대표들은 연대하기로 한 학생들에게조차 알리지 않고 독립선언식 장소를 변경한 것일까? 이 당시 민족대표들이 표면적으로 내세운 이유는 탑골공원에 학생들이 많이 모인 상황에서 독립선언식이 진행될 경우, 독립선언식이 폭력화할 가능성에 대한 우려 때문이었다. 이러한 민족대표의 행위는 3·1운동에 대한 사실상의 지도를 방기한 것이라고 여러 방면에서 비판의 대상이 되기도 하였다.

하지만 독립선언식에 대한 민족대표들의 구상을 이해한다면 이러한 우려가 실질적인 우려였고, 자신들의 운동방식을 실현하기 위한 어쩔 수 없는 선택으로도 읽을 수 있다. 1919년 3월 1일, 〈독립선언서〉 말고도 여러 전단이 제작되어 서울 시내에 뿌려졌는데 그중 하나인 《조선독립신문》 제1호에 주목할 필요가 있다. 이 지하신문 또한 〈독립선언서〉를 인쇄한 천도교계 출판사 보성사에서 인쇄하였다. 《조선독립신문》 제1호는 독립선언식이 태화관으로 변경된 1919년 2월 28일 밤부터 3월 1일 오전 사이에 인쇄해 3월

1일 오후 2시 서울의 만세 시위 현장에 뿌려졌다. 그런데 이 신문의 첫 내용을 보면 매우 흥미로운 기술이 있다.

> 조선민족대표 손병희, 김병조 씨 외 31인이 조선건국 4252년 3월 1일 오후 2시에 조선독립선언서를 경성 태화관에서 발표하였는데 동대표同代表 제씨諸氏는 종로경찰서에 구인되얏다더라.

이 신문은 분명 독립선언식 이전에 만들어졌다. 그런데 이미 독립선언식이 진행된 사실이 기록되어 있다. 더욱 놀라운 것은 〈독립선언서〉를 발표한 이후에 민족대표들이 종로경찰서에 체포될 것이라고 적혀 있다는 사실이다.

민족대표들은 독립선언식을 진행하면 바로 일제에 의해 체포될 것이라는 사실을 예감하고 계획하고 있었다. 민족대표들이 체포되는 순간을 학생들이 보면 불가피한 충돌이 일어날 수 있을 것이라는 우려를 품은 것이었다. 물론 그러한 결정 과정 중에 함께 운동을 준비해온 학생들에게 사전 통보조차 안했다는 사실은 여전히 의문과 비판의 여지로 남아 있다.

하지만 그들이 체포되어간 과정 중에 '운동을 방기했다.'는 평가는 선부를 수 있다. 다시금《조선독립신문》제1호를 살펴보면 문구 마지막에 다음과 같이 적고 있다.

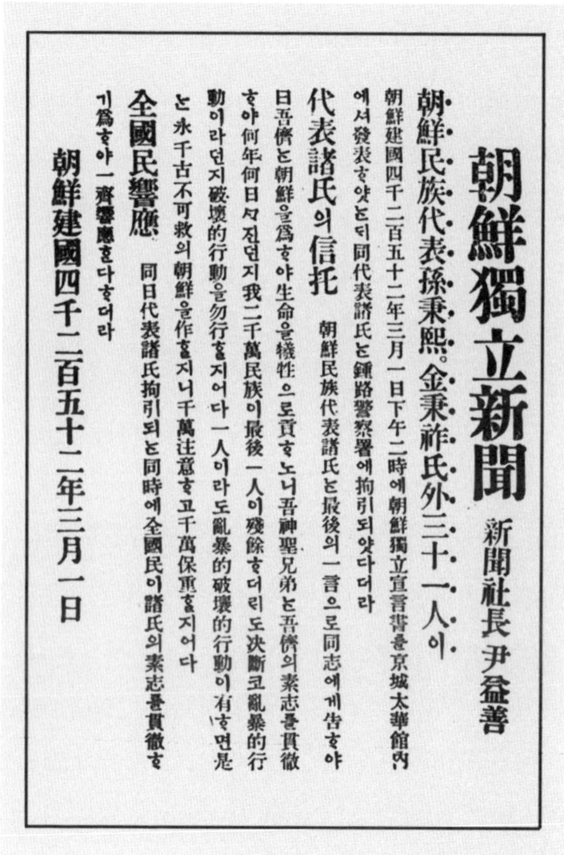

朝鮮獨立新聞

新聞社長 尹益善

朝鮮民族代表孫秉熙。金秉祚氏外三十一人이

朝鮮建國四千二百五十二年三月一日下午二時에朝鮮獨立宣言書를京城太華館內에서發表ᄒᆞ얏ᄂᆞᆫᄃᆡ同代表諸氏ᄂᆞᆫ鍾路警察署에拘引되얏다더라

代表諸氏의信托

朝鮮民族代表諸氏ᄂᆞᆫ最後의一言으로同志에게告ᄒᆞ야日吾儕ᄂᆞᆫ朝鮮을爲ᄒᆞ야生命을犧牲으로貢ᄒᆞ노니吾神聖兄弟ᄂᆞᆫ吾儕의素志를貫徹ᄒᆞ야何年何日ᄭᆞ지던지我二千萬民族이最後一人이殘餘ᄒᆞ더ᄅᆡ도決斷코亂暴的行動이라던지破壞的行動을勿行ᄒᆞᆯ지어다一人이라도亂暴的破壞的行動이有ᄒᆞ면是ᄂᆞᆫ永千古不可救의朝鮮을作ᄒᆞᆯ지니千萬注意ᄒᆞ고千萬保重ᄒᆞᆯ지어다

全國民響應

同日代表諸氏拘引되ᄂᆞᆫ同時에全國民이諸氏의素志를貫徹ᄒᆞ기爲ᄒᆞ야一齊響應ᄒᆞ다ᄒᆞ더라

朝鮮建國四千二百五十二年三月一日

《조선독립신문》에 미리 실린 민족대표들의 체포 기사

> 전 국민 향응. 동일 대표 제씨 구인되는 동시에 전 국민이 제씨의 뜻을 관철하기 위하여 일제一濟 향응한다 하더라.

민족대표들은 3월 1일 독립선언식만 진행하고 일제에 체포되어가던 와중에 어떻게 전 국민이 향응하여 운동이 확산되고 지속될 것이라고 예감할 수 있었을까? 물론 독립을 꿈꾼 모든 이들은 3월 1일을 독립선언식의 날짜로 결정하는 과정에서부터 운동이 자연적으로 확산될 수 있다고 느끼고 있었다.

3월 1일 독립선언식은 3월 3일 예정되어 있었던 고종의 장례식에 연동된 계획이었다. 고종은 1919년 1월 21일 사망하였다. 그의 죽음은 옛 시대, 왕조시대의 완전한 종결을 의미하는 것이었다. 그리고 새로운 시대가 시작됨을 알리는 신호탄이었다. 고종의 사망 소식을 접한 이들은 곧 서울에서 '혁명'이 시작될 것이라고 예감하였다. 2월에 독립선언식을 논의하던 민족대표들은 3월 3일을 전후하여 운동을 추진하기로 했다. 장례식 이후라면 사람들이 흩어져서 파급력이 덜 할 것이기에 그보다 앞선 날 중에 3월 1일로 정하였다. 고종의 장례식에 참여하러 온 수많은 이들에게 한국이 독립되었다는 사실을 각인하고 고향에 돌아가 그 소식을 알리도록 시기를 정하였다.

민족대표들은 자연적인 확산과 별도로 각자의 종교 조

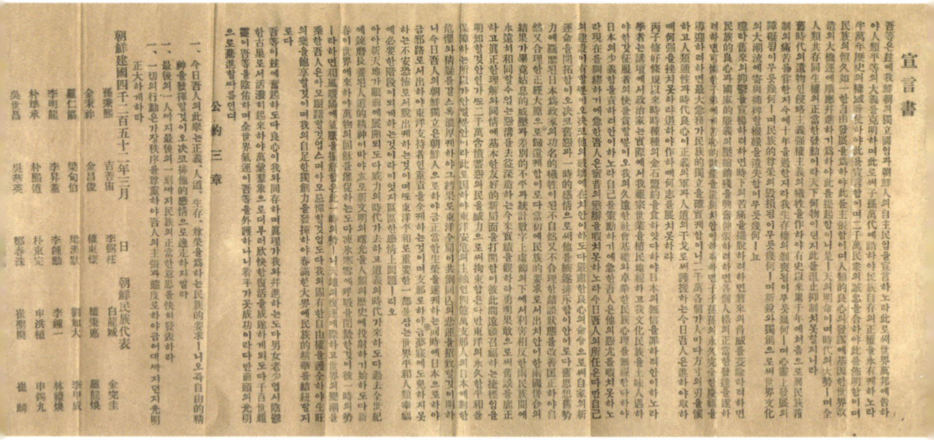

〈독립선언서〉

직을 이용한 확산을 준비했다. 1919년 3월 1일 서울과 동시에 평양·진남포·안주(평안남도), 선천·의주(평안북도), 원산(함경남도) 등 7개 도시에서 만세 시위가 일어났다. 또한 고종 장례식 기간이 끝나기 이전인 3월 5일 이전에 만세 시위와 독립선언서가 전국으로 들불처럼 번져나갔다. 이는 3월 1일 이전에 이미 민족대표들이 준비하고 실행한 운동 확산 계획에 따른 것이다. 민족대표들은 3월 1일 독립선언식을 마친 뒤 바로 체포되었지만, 그 행위만으로 운동을 방기했다고 평가할 수는 없을 것이다.

옛 태화관 자리인 안국동 194번지에는 여전히 '태화'라는 이름을 이어받은 태화빌딩이 서 있다. 빌딩 건물 밖에는

태화빌딩 앞 삼일독립선언 유적지 비석

민족기록화가 걸린 벽쪽에서 강의를 듣는 답사 참가자들

이곳이 독립선언식이 이루어진 장소라는 사실을 알려주는 '삼일독립선언유적지' 비석과 현대 한글로 풀이된 〈독립선언서〉 내용이 전시되어 있다. 그리고 태화빌딩 1층에 들어가면 로비에 민족대표들이 모여서 독립선언을 진행하던 모습을 그린 역사기록화가 있다.

이 그림을 유심히 보면, 각각의 인물이 실제 민족대표들을 모델로 그려졌음을 알 수 있다. 가장 가운데에는 손병희와 그 옆에는 불교 대표였던 한용운이 있다. 그리고 그림에 등장하는 인물들을 세어보면 민족대표 33인 전원이 아닌 29명이다. 잘못 그린 것인가 의심할 법하지만, 이는 역사의 정확한 반영이다. 1919년 3월 1일 오후 2시, 민족대표 33인 중 29명이 태화관의 별유천지別有天地라는 공간에 모였다. 이날 이곳에 기독교계 대표 4명이 자리하지 못했다. 그들은 길선주, 유여대, 김병조, 정춘수였다. 이들의 불참에 대해서 3·1운동 참여에 주저했기 때문이라고 보는 견해도 있지만, 그들은 자신이 활동하던 지역에서 〈독립선언서〉를 전파하고 만세 시위를 준비하는 데 일조했다. 그리고 1919년 3월 1일, 수많은 사람이 고종의 장례식을 보기 위해 서울로 향하고 있었기 때문에 지역에서 서울로 향하는 일정은 지체될 수밖에 없었다. 그들이 불참했다는 사실만으로 비판하는 것은 무리일 수 있다.

몇 년 전 민족대표 중 다수가 일제강점기에 친일파가

되었다는 주장이 제기된 바가 있다. 그러나 이도 사실이 아니다. 민족대표 33인 중 친일파가 된 인물은 3명에 불과하다. 3명은 천도교의 최린, 기독교의 정춘수와 박희도다. 최린은 손병희 사후에 천도교 신파의 거두였다. 그는 1920년대에 자치론으로 경도되어 이미 친일 혐의를 받고 있었다. 1933년 이후에는 '일선융합'을 주장하고 조선총독부 기관지였던 《매일신보》 사장까지 역임하면서 본격적인 친일의 길을 걸었다. 정춘수는 신간회와 흥업구락부에서 활동하면서 기독교계 민족주의 운동의 한 축을 담당했다. 그러나 1938년 흥업구락부가 일제의 탄압으로 간부들이 체포되면서 친일로 전향하였다. 박희도는 YMCA의 중요 인물로 활동했고 신간회에도 참여했다. 그러나 그 역시 '내선일체'를 주장하는 친일잡지 《동양지광》의 발행인이 되고 학병 권유 연설까지 하면서 친일의 길을 걸었다. 인원은 소수일지라도 이들은 각각 천도교와 기독교계에서 중추를 담당했던 인물이다. 이들이 친일파가 되었다는 것은 민족대표 중 소수였다 할지라도 비판을 피해갈 수 없는 지점이다.

3·1운동 이후 이완용은 태화관을 매각하였다. 감리교 선교부에서 태화관을 구입해 1921년 태화여자관으로 개관하였고 이는 현재 태화빌딩의 소유주인 태화복지재단으로 역사가 이어졌다. 1939년에는 독립선언식이 거행된 순화궁 한옥 건물을 허물고 건축가 강윤이 설계한 동서양 절충식

태화관 내 별유천지 건물

3층 석조건물을 신축하였다. 이후 이 건물도 1980년 도시 재개발계획으로 철거되고 현재의 태화빌딩으로 변하였다. 그래서 지금도 1939년에 세워지고 1980년 사라진 3층 석조 건물을 1919년에 독립선언식이 이루어진 건물로 착각하는 사례들이 많이 있다.

3·1운동의 시작점, 탑골공원

태화빌딩에서 인사동 골목길을 5분가량 걸어 나와 인사동 입구에 이르면 그 맞은편에 탑골공원을 마주하게 된다. 이곳은 본래 고려 때 흥복사라는 절이 있던 자리로 조선 태종의 억불정책으로 폐사되었다가 원각사라는 절로 재건되었다. 1464년(세조 10)에 효령대군의 건의로 근방 인가 200여 채를 철거하고 사찰을 건립했다. 현재 탑골공원이라 불리게 한 원각사지십층석탑도 이 시기에 세워진 것으로 추정된다. 이후 사찰은 연산군 때 철폐되고 이곳에는 기생방을 설치하여 기생 1,200명, 악사 1,000명이 거처하고 사용하게 하였다. 이후에 이곳에는 원각사지십층석탑만이 남아 이 동네의 이름이 백탑白塔이 있는 '탑골[塔谷]'로 지칭되었다.

1894~1897년 한국을 방문해 기행문을 남긴 영국 여행가이자 지리학자인 이자벨라 버드 비숍(Isabella Bird Bishop)은 《한국과 그 이웃 나라들》에서 탑골에 방문한 때를 다음과 같

탑골공원 삼일문

이 기록하고 있다.

백색 석탑은 빽빽이 들어선 주택들 뒤에 완벽하게 가려져 있는데, 이 도시에서 보기 드물게 나무가 울창한 숲을 가지고 있다. 석탑 자리는 옴짝달싹할 수 없을 정도로 좁아서 석탑 전체를 사진에 담으려는 사람은 아마도 근처의 담으로 기어 올라가야 할 것이다.

민가로 빼곡했던 탑골에 현재의 서양식 공원이 들어선 것은 대한제국시기 고종에 의해서다. 고종은 황제에 즉위하면서 서울을 근대적 도시로 만들려는 작업을 시작했는데 탑골공원도 그 산물 중 하나다. 탑골공원은 이자벨라 버드 비숍 여사가 방문하고 얼마 안 있어 1897년부터 1902년 사이에 근대식 공원으로 조성되었다.

물론 처음 조성된 서양식 공원의 모습은 대단하지는 않았다. 일제강점기 잡지 《동명》의 1922년 기사에 따르면 공원이라는 것은 말뿐이고 벽돌담을 높이 쌓고 사방 문을 꼭 잠가두었다고 한다. 그랬던 탑골공원이 본격적으로 근대식 공원의 역할을 하게 된 것은 군악대가 탑골공원 옆으로 옮겨온 뒤였다. 공원 내에 팔각정과 음악당을 신축하게 되었다.

1900년 12월 29일 칙령 제59호로 서양식 군악대를 설치하였고, 1902년 12월에 군악대가 탑골공원 서편에 새로 건립한 양옥으로 옮겨왔다. 독일인 에케르트가 지휘자로 총 51명의 황실군악대를 구성하였다. 이 군악대는 일제강점기에도 그 명맥이 이어졌고 1920년에는 20여 명의 대원으로 경성악대가 되었다. 그러나 지원을 못 받으면서 점차 운영이 어려워져 1927년 해산하였다. 악대에 속한 악사들은 학교 밴드부, 극장 연주, 선전용 악대 등으로 흩어졌다. 탑골공원은 대한제국 군악대의 부침을 상징하는 공간이었다.

탑골공원의 한가운데에는 팔각정이 있다. 지금이야 아

에케르트

파트나 동네 공원에 있는 정자들의 이름 모두가 팔각정일 정도로 팔각정은 흔한 건물이지만, 전통적인 동양의 관념에서 팔각정이라는 건물 형태는 황제의 건물이었다. 팔각이라는 도형은 하늘을 상징하는 원과 땅을 상징하는 사각 사이의 도형으로 팔각은 하늘과 땅을 잇는 상징물이었다. 그래서 중국 황제를 사대事大하던 조선시대에는 함부로 지을 수 없는 건물이었다.

탑골공원의 팔각정은 대한제국시기에 세워진 두 번째 팔각 건물로 초기 탑골공원의 성격을 설명해주고 있다. 첫 번째 팔각정은 고종이 황제 즉위식을 거행한 원구단의 부속 건물로 신들의 위패를 모시던 황궁우였다. 하늘과 땅을 잇는 의미로 황제가 하늘에 제사 지내는 제단 옆에 위치했다. 탑골공원 팔각정에도 황궁우와 거의 비슷한 형태의 그림들을 그린 것으로 보아 마찬가지 의미를 담고자 했던 것이 느껴진다. 일반적으로 서양식 공원, 근대적 공원이란 황제로부터 근대 시민에게 반환된 공간으로 인식하지만 황제 중심의 서구 근대화를 추구한 대한제국시기에는 아직 시민권에 대한 지향이 약할 수밖에 없었다. 당시 탑골공원은 황제의 공간으로서 대한제국 군악대의 공연장소로 활용되기도 하였다.

대한제국기 탑골공원 모습

탑골공원에서의 군악대

하늘에서 내려다본 팔각정

그런 탑골공원에서 대한제국이 망한 지 10년 만인 1919년 3월 1일, 〈독립선언서〉가 낭독되었다. 이는 단순히 일제로부터의 독립만을 선언하는 행위가 아니었다. 이는 더는 땅과 하늘을 매개하는 존재로서의 지배자, 권력자가 필요 없고 독립을 추구하는 한국인 개개인이 직접 하늘과 소통하는 정치적 주체로 발돋움했음을 선언하는 행위이기도 했다.

1919년 3월 1일 오후 2시 민족대표들과 사전에 약속한 대로 서울지역 학생들이 탑골공원에 모이기 시작했다. 그런 그들의 앞에 당연히 와서 선언서를 낭독할 것이라고 여긴 민족대표 중 누구도 나타나지 않자 학생들은 동요할 수밖에 없었다. 그 순간 한 사람이 탑골공원 팔각정에서 〈독립선언서〉를 낭독하기 시작했고, 낭독을 마치자 탑골공원에 모인 사람들은 "조선독립만세"를 외치며 종로거리로 쏟아져 나가기 시작했다. 그리고 그들이 외친 함성은 서울을 뒤흔들며 전국으로 퍼져나갔다.

이날 누가 민족대표를 대신해 군중들 앞에서 선언서 낭독을 했는지는 아직 명쾌하지 않다. 3월 1일 만세 시위에 참여한 학생들은 30대의 두루마기를 입은 남자가 선언서를 읽었다고 진술할 뿐, 그가 누군지 모른다고 대답했다. 해방 이후, 정재용鄭在鎔이라는 인물이 등장해서 자신이 〈독립선언서〉의 낭독자라고 주장하고 나섰다. 이를 두고 더 나이든 노인이 낭독했다는 주장이나, 더 젊은 학생이 낭독했다는 주장들이 반론으로 제기되곤 하였다. 최근에는 경성의학전문학교 학생대표였던 한위건韓偉健이 낭독했다는 주장이 학계 일각에서 제기되기도 하였다.

현재 확인 가능한 자료들을 토대로 〈독립선언서〉 낭독자를 추정해보면, 자신이 낭독자라고 주장한 정재용일 가능성이 크다. 3월 1일 만세를 외치고 체포된 이들의 신문조서상 기록은 정재용이 당시 생김새와 일치할 것으로 여겨지는 내용이 많다. 중절모에 두루마기, 30대 초중반 정도의 외모 등이 언급되어 정재용이 스스로 묘사한 것과 상당히 유사하다. 그에 반해 한위건의 이름은 신문조서에서 이미 여러 차

탑골공원에서의 〈독립선언서〉 낭독 민족기록화

례 이름이 등장하고 있음에도 선언서 낭독자 이름으로 그의 이름을 직접 거론한 경우가 없다.

정재용

일각에서는 한위건을 보호하고자 한 의도적 결과라고 주장하기도 하지만, 그러기에는 한위건의 독립운동 참가 사실은 이미 많이 진술된 상태로 보호받을 이유가 없었다. 김성숙의 1966년 구술 자료에서 한위건이 선언서를 읽었고 자신이 그 자리에 있었다는 회고가 등장하지만, 그의 회고 내용 전체에 여러 오류가 있어 면밀한 검토가 필요하다. 그리고 아직은 낭독자를 알기 위한 자료가 제한적이기 때문에 여전히 신중해야 할 것이다.

그보다도 누가 최초의 낭독자인지가 과연 중요한 문제였을까하는 의문도 남는다. 최초 낭독자를 중요시하는 시각은 〈독립선언서〉 낭독이 없었다면 3·1운동이 시작되지 않았을 것이란 생각에서 비롯되었다. 하지만 이미 혁명을 꿈꾸며 수많은 학생과 군중들이 탑골공원에 모인 상태였다. 그 누가 건들기만 해도 "조선독립만세"가 터져 나오기 직전의 상태였다. 1명이 낭독하고 만세가 시작되자 여기저기에서 선언서 낭독과 만세가 이어졌다. 우리는 최초의 낭독자에 주목하지만, 탑골공원에는 수많은 선언서 낭독자가 있었다. 그리고

독립선언서 비문

서울뿐 아니라 이미 평양, 의주, 원산 등의 지역에서 만세 시위가 시작되고 있었다.

현재 탑골공원에 가면 과거 절터였던 흔적을 보여주는 원각사지십층석탑과 비석이 서 있고, 그 외에는 주로 3·1운동과 관련된 기념물들이 배치되어 있다. 그중에 눈에 띄는 것이 탑골공원 정문 정면에 있는 손병희 동상이다. 이 동상을 두고 문제를 제기하는 사람들도 존재한다. 민족대표는 3월 1일 탑골공원에 오지도 않았는데 왜 여기에 동상이 있느냐고 말이다.

그런데 탑골공원의 동상 역사는 좀 더 복잡하다. 손병희 동상이 세워지기에 앞서서 그 자리에는 이승만 초대 대통령의 동상이 있었다. 이승만 대통령은 고종의 공원인 탑골

원각사지십층석탑

공원과 일본 신도의 조선 신궁이 있던 남산에 각각 자신의 동상을 세웠고, 남산 정상에는 자신의 호를 딴 우남정이라는 팔각정을 세웠다.

하지만 탑골공원의 그의 동상도 남산의 동상과 함께 4·19혁명으로 끌어 내려졌다. 그 이후 탑골공원에 상징적인 동상을 무엇으로 세울지 여러 논의와 부침이 있었다. 그 결과로서 손병희 동상, 3·1운동 기념 비문과 부조 등이 탑골공원을 채우고 있다.

손병희 동상

3·1운동 기념물들

현재의 탑골공원은 남성 어르신들의 공원으로 애용되고 있다. 이는 한때 입장료를 받던 결과다. 1967년 공원이 유료화되면서 1인당 10원을 받았다. 그러다 1980년에 65세 이상 노인분들에게 경로우대증이 발급되자 남성 노인들이 공원 이용 전체 40%를 차지하기 시작했다. 1988년 공원은 다시 무료 입장으로 바뀌었으나 이후에도 이러한 경향은 바뀌지 않고 유지되고 있다. 황제의 공원에서 어르신들의 휴식처로 변모한 것이다. 미래의 탑골공원은 누구의 공원이 될 것인가. 종로에 있는 작은 공원이지만 우리 시대의 방향성이 이곳에서 자라나고 있을지도 모른다.

자유의 종소리가 울려 퍼지길,
보신각 앞 3·1운동

탑골공원을 나와 도착한 다음 장소는 지하철 종각역 앞에 있는 보신각이다. 조선시대 서울은 유교적 이념에 맞추어 만들어진 도시이다. 그래서 도시의 동서남북과 중심을 상징하는 건축물들에 유교적 이념에 맞는 이름을 붙였다. 인의예지신仁義禮智信의 한 글자씩을 따서 남대문은 숭례문崇禮門, 동대문은 흥인지문興仁之門, 서대문은 돈의문敦義門이었다. 그리고 한양도성의 한복판에 도시의 시간을 알리는 종을 두고 그 건물 이름은 보신각普信閣이 되었다.

종로의 중심지에 있는 보신각은 원래 종각鐘閣이 아니라 종루鐘樓였다. 임진왜란 때 불타기 전까지 종루 형태이다가 이후에는 종각의 모습을 유지했다. 6·25전쟁 때 파괴되어 1953년에 중건하고, 1970년대 서울 지하철 1호선 공사 과정에서 옛 종루의 초석이 발굴되어 정면 5칸, 측면 4칸의 2층 누각 형태를 확인하였다. 이를 토대로 1980년 철근 콘크리트 구

보신각

대한제국시기 보신각 모습

조로 된 종루를 새로 지었다. 그 결과 건물의 형태는 2층의 종루인데도 여전히 1층의 종각이란 이름을 가지고 있다.

2층 종루에는 보신각종이 걸려 있는데 새해를 맞았을 때 '제야除夜의 종'을 치는 용도로 사용되고 있다. 현재의 보신각종은 조선시대부터 내려오던 보신각종(보물 제2호)의 몸통에 균열이 생겨 더는 타종할 수 없는 상태가 되어 1985년에 새로 제작된 것이다. 그리고 원래의 종은 현재 국립중앙박물관에 보관되어 있다.

보신각종은 한양도성의 4대문과 4소문을 일제히 여닫는 시간을 알리는 용도로 사용되었다. 오후 10시경 28번 타종하여 통행금지를 알리고, 오전 4시경에 33번을 쳐서 통금해제를 알려 하루를 시작했다. 대한제국시기 전차가 도시에 도입되고 더는 4대문과 4소문을 여닫을 필요가 없어지면서 자연스럽게 종의 역할이 사라졌다.

통행금지의 시작과 끝을 알리던 역할 말고도 19세기에는 도시의 풍경을 바꾸는 역할을 보신각종이 수행하였다. 이자벨라 버드 비숍은《한국과 그 이웃 나라들》에서 다음과 같이 기록하고 있다.

> 도시에서는 매우 신기한 제도가 실시되고 있었다. 저녁 8시경이 되면 대종이 울리는데 이것은 남자들에게 귀가할 시간이라는 것을 알려주는 것이며 여자들에게는 외출하여 스스

보신각 앞 한성정부 선포 표석

3월 1일 이후 탑골공원 정문에서 한국인들의 출입을 막는 일본군

> 로 즐기며 또한 그들의 친우를 방문할 수 있는 시간이라는 것을 알려주는 것이다. … (중략) … 자정이 되면 다시 종이 울리는데 이때면 부인들은 집에 돌아가야 했고 남자는 외출하는 자유를 갖게 된다.

이 기록은 조선시대의 통행금지 상황과는 내용상 조금 다른 점이 있어 정확하지는 않지만, 19세기 서울에서 보신각종이 남녀의 시간을 구분하는 역할도 수행했음을 알려준다. 그런데 보신각종이 그 역할을 상실하면서 남녀의 시간이 구분되던 풍경도 사라졌을 것이다.

1919년 3월 1일 오후 2시, 탑골공원을 출발한 학생과 민중들은 우선 종로거리를 꽉 채웠다. 종로거리는 1919년 3월 한국인들의 만세 시위가 빈발했던 장소이자, 만세 시위를 차단하기 위해서 일본 경찰들이 가장 경계하던 구역이었다. 3월 3일 고종 장례식을 전후해 일어난 3월 1일과 5일의 만세 시위가 벌어진 주요 중심지가 종로였다. 종로에는 일제 경찰의 핵심인 종로경찰서가 있었지만, 그들의 규모로는 만세 시위에 참여한 한국인들을 진압하기에 역부족이었다. 3월 1일 이후로 종로에는 일제 군경이 언제나 집중적으로 배치되었다.

감시의 눈초리가 종로를 뒤덮고 있던 1919년 3월 2일 밤 11시에 세브란스 병원 회계를 맡던 30세의 정태영이란

시내에서의 만세 시위

사람이 보신각에 들어가 종을 쳤다. 이를 두고 1919년 3월 5일 만들어진 《조선독립신문》 제3호에서는 "20년간 폐쇄된 종로 보신각에서 종소리가 쟁쟁하다."고 그 소식을 알렸다.

> 이 종이 울리지 않기를 20년, 천지신명이 우리들의 울음과 원통함을 두루 살펴 오늘 자유를 주었다. 어찌 자유종이 아니냐. 너는 미국의 자유종을 듣지 않았느냐고 말하고 태연히 체포되었다.

도시의 시간을 알리는 기능이 사라진 보신각종의 모습은 근대적인 문물들의 침투를 목도한 한민족의 모습이었고, 십수 년 만에 다시 울리는 종소리는 제국주의 침탈에 맞서기 위한 한국 민중의 울부짖음을 상징했다. 그렇기 때문에 그 이후 각종 집회의 중심지로 보신각 앞 사거리는 계속해서 등장했다.

3월 12일에는 기독교 목사와 유생들이 연합하여 〈애원서〉를 발표했다. 차상진·문성호는 조선총독부로 문서를 제출하러 가고, 문일평·김극선·조형균·백관형은 보신각 앞으로 나아가 군중들 앞에서 문일평이 그것을 낭독했다. 그들은 "지난 3월 1일 조선민족대표 33인의 조선독립에 대한 선언서는 결코 한 개인의 독단적인 편견에서 나온 것이 아니며 실로 전 조선 민족의 양심적 요구이다."라고 주장하면서

3·1운동이 지속되기를 촉구했다.

또한 4월 23일에는 이른바 '한성정부'를 수립하기 위한 운동이 보신각 앞에서 이루어졌다. 정오 무렵에 보신각 부근에 학생 4~5명이 나타나 작은 깃발을 흔들며 만세를 외치면서 질주했다. 그 깃발에는 '국민대회', '공화만세'라는 문구가 적혀 있었다. 이들은 일제의 단속을 피해 게릴라성으로 만세를 외쳤고 〈임시정부선포문〉, 〈국민대회취지서〉, 〈선포문〉 등의 격문들을 뿌려 국민대표들을 통한 임시정부 수립을 세상에 알렸다. 그리고 그들은 종로의 복잡한 골목 속으로 사라졌다. 일제의 촘촘한 경계 속에서 3월 말 이후 서울 시내에서는 만세 시위가 불가능한 상태였기 때문이다. 게릴라성으로 자신들의 의사를 표현하고 체포되거나 도망치는 방식으로 운동이 진행될 수밖에 없었다.

5월 31일에는 러시아령에서 성립한 대한노인동맹단의 대표자들이 서울에 상경하여 시위운동을 벌였다. 이들은 오전 11시경 보신각 앞에서 태극기를 들고 독립만세를 외쳤다. 이들은 독립운동가 이동휘의 아버지 이발(이승교, 68세), 윤여옥(58세), 정치윤(74세), 차대륜(59세), 안중근의 백부 안태순(48세) 등이었다. 전국적인 만세 시위가 침체기에 빠져 있던 시점에 다시 한번 서울에서 만세를 외치고 독립을 주장하는 운동을 펼침으로써 꺼져가던 독립운동의 불씨에 생기를 불러일으키고자 하였다. 당시 5명 중 1명은 목에 자해를 하고 일본 경찰에 체포되었는데, 일제는 이들의 나이가 많다는 이유로 식민지 조선 내에서 추방되는 정도로 처벌하여 독립운동이 확산되는 것을 차단하였다.

이 같은 굵직한 운동들 말고도 정말 단발적이고 누가 주도했는지조차 모르는 수많은 운동이 보신각 앞에서 이루어졌다. 1919년 3월과 4월 서울에서의 만세 현장을 기록한 양주흡梁周洽이라는 학생의 일기에는 종로에서 만세 시위가 벌어질 것이라는 소식을 듣고 찾아 나섰던 상황들이 기록되어 있다.

> 3월 10일. 오후 2시에 일반인, 상인들이 종로에서 시위운동을 한다고 하여서 이응영과 함께 갔더니 길 양쪽에 순사와 헌병들이 열 지어 서 있었으며 엄중한 경계를 해서 그때 체포된 사람도 있었다. 여학생은 서대문감옥소로 구인되었다. … (중략) … 3월 12일. 오후 2시 천도교 교도와 일반 민중이 종로에서 시위운동을 한다고 해서 갔더니 순사가 열을 짓고 서 있어서 3~4명이 만세를 부르다 체포되었다고 한다.

양주흡이 만세를 부르기 위해 종로에 왔을 때는 이미 만세를 외친 사람들은 체포되고 사라진 이후였기에 순사와 헌병들이 거리에 삼엄하게 서 있는 모습만을 본 것이다. 1919년 3월에서 4월, 3·1운동의 열기가 들끓던 시간 동안 이러한 일상이 종로거리를 뒤덮었다.

당시 상점가들의 철시 투쟁

종로에서 정치적 투쟁이 제한되기 시작하자, 경제적·일상적 투쟁이 일어나기 시작했다. 종로의 상점가들은 3월 9일부터 철시투쟁에 돌입하였다. 1919년 3월 8일 경성상민 대표자 일동 명의로 〈경성시 상민 일동의 공약서〉라는 제목의 문건이 발표되었다. 그 내용은 다음과 같다.

> 〈경성시상민일동공약서京城市商民一同公約書〉
>
> ① 9일 일체 폐점할 것.
>
> ② 시위운동에 가담할 것. 다만 폭행을 하지 말 것.
>
> ③ 약속을 위반한 상점은 용서 없이 처벌할 것.
>
> 개국 4252년 3월 8일
>
> 경성상민대표자 일동

이 격문을 시작으로 종로의 상점가들은 철시투쟁에 돌입하여 1919년 4월 초순 일제에 의해 개점이 강제되는 시점까지 투쟁을 이어나갔다. 이외에도 한국인들 사이에서는 담배를 끊고, 전차를 거부하고, 일본인과의 거래를 중단하는 등 다양한 방식의 경제적 투쟁을 이어나갔다.

이렇듯 보신각과 종로는 3·1운동 기간 동안 정치적·경제적 투쟁의 상징공간으로 작동하였다. 이에 비견되는 다른 공간으로는 서대문 밖이자 서대문형무소 앞에 있었던 독립문을 들 수 있다. 독립문에는 1919년 3월 7일 기묘한 사건이 벌어졌다. 독립문 상층부에 그려진 태극기에 누군가가 올라가 색칠을 한 것이다. 이를 본 한국인들은 '독립의 때가 와서 색칠이 된 것이다.', '도깨비의 신묘한 행위다.' 등등의 다양한 말로 독립의 열망을 불가사의한 현상에 빗대어 표현했다. 이를 두고 일제는 소방대를 동원해 태극기에 칠해진 색을 지우고 경찰들로 독립문을 에워싸 한국인들의 접근을 차단하기도 하였다.

보신각의 자유종이 울리고 독립문의 태극기가 다시 생기를 찾는 것을 통해 한국인들은 독립을 기대하고 꿈꾸며 독립운동에 더욱더 매진하게 되었다.

3월 1일 해방된 광장,
대한문 앞

보신각을 지나 우리는 다음 목적지인 대한문으로 향했다. 1919년 3월 1일, 얼마나 많은 사람이 서울 시내에서 "조선독립만세", "대한독립만세"를 외쳤던 것일까? 현재 그 정확한 수는 알 수 없다. 그 당시 서울 시내는 고종 장례식을 앞두고 있던 터라 인산인해였다. 1919년 당시 경성부 인구가 25만 명 내외인 시점에 고종 장례를 보러온 인파도 약 20만 명으로 추정된다. 평소 도시 인구만큼이 추가로 서울에 머무른 것이다. 그래서 3월 1일의 만세 시위 참여 인원을 일제 측 추산으로는 1만 명, 독립운동가 측 추산으로는 약 50만 명으로 보았다. 이 시기 상경한 인파들을 수용하는 것은 당시 서울에 마련된 여관이나 호텔만으로는 불가능했다. 이들은 지인의 집을 찾아가 머물기도 했지만, 연고가 없는 사람들은 노숙도 마다치 않았다.

탑골공원을 나와 종로를 가득 메운 만세 인파는 서울

당시 대한문 앞 담장에서의 만세 시위

고종 인산 전날 대한문 앞에 모인 민중들

도시의 구석구석으로 퍼져나갔다. 이때 마주친 사람들이 고종 장례식을 보러온 사람들이었다. 이들이 합세하면서 만세 시위 인파는 기하급수적으로 늘어났고 도시 전체가 해방구 같은 상황이 되었다. 일제 군경은 섣불리 만세 시위를 진압하지 못하였다.

종로를 출발한 만세 시위대는 여러 갈래로 나뉘어 계속해서 "조선독립만세"를 외쳤다. 그들이 향한 곳은 크게 세 갈래로 구분할 수 있는데, 궁궐(창덕궁과 경운궁), 미국과 프랑스 영사관, 그리고 조선총독부였다. 세 진행 방향은 한국인들이 만세를 외치며 생각했던 운동의 방향을 명확히 반영한다. 순종이 머문 창덕궁과 고종 시신이 안치되어 있던 경운궁으로

향한 것은 고종의 갑작스러운 죽음에 대해 슬퍼하며 구황실의 인사들에게 독립 만세 시위운동에 호응해 달라고 요구하는 행위였다. 미국·프랑스 영사관으로 향한 것은 파리강화회의에 참석하고 이를 주도하고 있는 열강의 외교관들에게 각자의 본국에 한국의 독립의지를 전달해줄 것을 요구하는 행위였다. 조선총독부로 향한 것은 한국인들이 이미 독립을 선언했으니 일제는 이 땅에서 물러나라는 시위 행동이었다.

이러한 행진 중에서도 사람들이 가장 많이 동참했던 공간은 경운궁 대한문 앞이다. 대한문 앞 광장은 대한제국시기 수도 서울의 새로운 중심지였다. 이를 위해 광화문과 경운궁 사이를 가로막고 있던 황토현을 없애고 대한문 앞으로 이어지는 도로를 만들었다. 독립협회가 활동하던 당시에도 이곳은 시위 문화의 중심지로 작동했다. 20여년 만인 1919년 다시금 역사는 반복되었다. 이곳은 1919년 3월 1일 서울이 해방구가 되었을 때 가장 중심지였고, 이곳에서 머물던 인파는 서울 전역으로 흩어졌다 모이기를 반복하였다.

경운궁 대한문 앞에 다다른 만세 시위대 중에는 광장에서 독립의 당위성을 주장하는 연설을 하거나 고종의 시신을 직접 알현하겠다며 경운궁 안으로 진입하려고 시도하는 사람들도 있었다. 고종 시신이 안치되어 있던 함녕전 앞까지 들어가 만세를 외치기도 하였다. 일제는 수많은 인파가 모인 대한문 앞 광장에서는 직접적인 탄압을 가하지 못했지만, 경운궁 안에 들어온 사람들에게는 무력을 행사해 진압하였다.

대한문 앞이 3·1운동 기간에 중요한 역할을 했던 것은 3월 1일 단 하루였다. 3월 3일부터 3월 5일까지 고종 장례가 치러지면서 더는 대한문 앞에서는 만세 시위를 하지 않았다. 두 가지 정도 이유가 있는데, 고종의 시신이 경운궁을 떠나 남양주의 홍릉에 묻히면서 대한문에 부여된 상징적 의미가 사라졌기 때문이다. 그리고 또 한편으로는 3월 1일 오후부터 경운궁을 둘러싼 경계가 매우 강화되면서 만세 시위를 일으키기도 번거롭게 되었다.

1919년 3월 1일 경운궁 대한문 앞 광장에서의 만세 시위를 찍은 여러 장의 사진이 남아 있는데, 이 사진들을 보면

당시 만세 시위 모습

당시 거리를 활보하던
일제 군경

우리가 흔히 알고 있던 상식과는 배치되는 모습들이 있다. 3월 1일 서울은 태극기의 물결로 뒤덮였을 것으로 생각하지만, 실제 사진 속 풍경에서는 태극기를 찾아볼 수 없다. 만세를 외치며 하늘을 향해 쭉 뻗은 양팔은 맨손이다. 태극기는 대한제국의 상징이었기에 서울에서 3·1운동을 준비한 민족 대표와 학생들은 그것을 사용하지 않았다.

다른 지역 만세시위에서는 3월 1일에 이미 태극기가 등장하지만, 3월 1일과 5일 초기에 기획된 서울의 만세시위에서는 태극기가 배제되었다. 고종 장례라는 영향 아래에서 3·1운동이 시작되었기에 고종의 시신이 머문 경운궁 대한문 앞 광장은 3월 1일의 가장 큰 해방구가 되었다. 하지만 운동의 모습에서는 이미 황제가 떠난 새로운 국가와 독립적인 정치 주체에 대한 상상과 지향이 투영되기 시작했다.

조선총독부도 무섭지 않다,
조선은행 앞 광장과 본정까지 진출한 만세 시위

경운궁 대한문 앞 광장에 모여 있던 만세 시위 인파 중 일부가 장곡천정長谷川町(현 소공로)을 따라 이동해 조선은행(현 한국은행) 앞을 지나 본정1정목(현 명동 일대)으로 돌입하였다. 남산 아래 조선총독부와 총독관저가 이들의 목적지였다. 우리들도 그 길을 따라 지금의 한국은행 앞 사거리까지 이동하였다.

조선시대 한양의 남쪽에는 진고개[泥峴]라 불리는 곳이 있었다. 이곳은 땅이 낮고 협소하여 비가 오면 물이 잘 빠지지 않아 진흙 길이 되는 일이 많았다. 사람들의 통행이 불편하고 밭농사도 어려운 지역으로 생활하기 어려운 땅이었다. 그래서 몰락한 양반이나 벼슬이 없는 양반들이 주로 모여 살았다. 신을 신이 없어 맑은 날에도 나막신을 신는다며 딸깍발이로 불리던 가난한 선비의 이미지도 이 지역의 것이었다.

이 일대에 일본인이 들어오게 된 것은 1880년대의 일

일제강점기 조선은행 앞 광장

왜성대 일대(우측이 조선총독부)

당시 일본인들이 거주하던 본정 일대

대한제국시기 진고개 일대

이다. 1882년 임오군란과 1884년 갑신정변 때 두 차례 일본 공사관이 불타고, 일본은 새로운 일본공사관 터와 일본인 거류지를 물색하고 있었다. 이때 도성 내에 외국인 거주가 허가되면서 남산 아래 예장동과 필동 일대에 터를 잡기 시작했다.

일본인들은 총독관저와 남산 조선총독부 일대를 '왜성대倭城臺', '왜장대倭將臺', '화성대和城臺', '화장대和將臺' 등으로 불렀다. 임진왜란 때 일본군의 주둔지였기 때문에 왜장, 혹은 왜성과 관련이 있다고 보았기 때문이다.

조선시대에 남촌 일대는 거주지로서는 낙후된 지역, 혹은 양반들의 별장, 서민들의 놀이터 정도로 인지되던 곳이다. 그런데 이곳에 일본인들이 정착하게 된 이후에는 급속도로 변하게 되었다. 1895년 19호 89명으로 시작한 일본인 거류지는 영역과 규모를 키워 1910년에는 8,749호 3만 4,468명이 거주하였다. 그러면서 각종 근대적 기관은 물론, 도로포장, 하수도 설비, 위생사업 역시 한국인 중심의 북촌과 대비되는 투자 및 시설이 이루어졌다. 일제강점기 식민지 수도 경성의 정치·경제·문화의 중심지가 기존의 북촌에서 남촌으로 이동하게 되었다. 그렇게 형성된 중심지를 상징하는 이름으로 현재까지도 '중구中區'라고 불리고 있다.

일제강점기 남촌의 입구에 바로 조선은행 본점(현 한국은행)이 위치했다. 조선은행은 1904년 화폐재정정리사업 시행

이후 일본 제일은행 조선지점이 중앙은행 역할을 하던 것을 대신하기 위해 1907년 '한국은행'이란 이름의 중앙은행을 창설한 결과였다. 1909년 11월 한국은행으로 출범하나 1년 만인 1910년 식민지화되면서 '조선은행'으로 개칭하였다. 그러다 해방 이후 다시 '한국은행'이라는 이름을 되찾았다.

한국은행 본관은 1907년 11월 착공하여 1909년 7월 11일에 정초해 1912년 1월 조선은행 본점으로 준공되었다. 지하 1층, 지상 3층, 연면적 2,625평의 규모였다. 설계자는 도쿄제국대학 출신으로 공학부 교수를 역임한 다츠노 긴고[辰野金吾]였다. 1912년에 준공한 본관 건물은 현재 사적 제280호이자 화폐박물관으로 사용되고 있다.

옛 한국은행 본점 건물 앞에는 이곳이 격렬한 만세 시위 현장이었다는 사실을 알리는 표석이 세워져 있다. 그 표석에는 '3·1독립운동기념터'라고 적혀 있고 "3·1독립만세 시위대가 일제 헌병경찰과 충돌하여 200여 명의 부상자를 낸 곳"이라고 설명되어 있다.

그러나 실제로는 다른 장소였다. 만세 시위대는 현재 서울중앙우체국 옆으로 나 있는 옛 본정통(현 충무로)으로 나아갔다. 이들은 본정2정목(현 충무로2가) 10번지 일한서방 및 본정2정목 파출소 부근에까지 이르렀다. 이곳에서 일제 군경과의 충돌이 일어났다. 당시 모습을 보도한 《오사카마이니치신문[大阪每日新聞]》은 현장 분위기를 화재가 난 상황, 혹

오늘날 한국은행 앞 사거리 모습

은 아수라장에 비견하였다. 일제는 만세 시위가 처음 시작되었을 때, 대응하지 못하고 수수방관하다가 운동이 서울 전 도시로 번져나가자 보병 3개 중대와 기병 1개 소대를 시내 주요지점에 배치해 이를 진압하려고 하였다.

진압의 중심지는 고종의 시신이 안치된 경운궁과 조선 총독부와 총독관저로 통하는 본정통이었다. 본정2정목에 돌입한 만세 시위대와의 충돌은 불가피했다. 3월 1일의 서울 지역 만세 시위는 오후 4~5시경에 대부분 해산하였다. 〈독립선언서〉 서명자를 제외하고 134명이 만세 시위 현장에서 체포되었는데, 그들 대부분은 본정2정목에서 체포된 사람들

한국은행 일대를 설명하는 필자

3·1운동 기념터 표석

이었다.

이후에도 3월 5일 학생단 주도의 만세 시위가 남대문역(현 서울역)에서 시작해서 남대문-조선은행 앞-종각을 거쳐 행진하였다. 하지만 이때 조선은행 앞을 통과하던 만세 시위대는 3월 1일과 달리 본정통으로 돌입하지 않았다. 조선총독부를 향해 행진하여도 당장 일제가 물러나지 않을 것이란 사실을 확인하고, 그 과정에서 큰 충돌과 피해가 있었기 때문에 그러했을 것이다. 그리고 일제도 이미 3월 1일에 한 차례 본정통 안까지 만세 시위대가 진출하였고 큰 충돌이 있었기 때문에 남대문부터 종각까지 촘촘하게 진압병력을 배치하고 이후의 만세 시위에 대응하였다.

3월 1일 만세 시위대가 진출해서 일본 군경과 크게 충돌했던 본정2정목 부근은 현재 한국에서 제일 땅값이 비싼 명동 네이처리퍼블릭 건물 일대이다. 이곳에는 만세 시위가 격렬하게 벌어진 장소라는 어떤 표시도 없다. 현재 이곳은 그냥 외국인 관광객과 쇼핑객들이 오가는 거리일 뿐이고 거리 어디에서도 3·1운동을 떠올릴 수 없다. 도시의 바쁜 일상이 교차하는 명동거리 한복판에서도 3·1운동의 거센 항쟁이 있었다는 사실이 기록되고 기억될 수 있는 그날을 기다린다.

세 번째 이야기

서울 3·1운동의 확대와 전파지를 따라가다

전명혁 동국대학교 연구교수

답사코스

❶ 서울역 광장
3월 5일 학생단 시위가 일어난 곳

❷ 마포전차종점 3·1운동 시위지(현 불교방송국)

❸ 진관사
태극기와 독립신문들이 숨겨져 있던 곳

답사일시 : 2019년 3월 30일(토)
강사 : 전명혁(동국대학교 연구교수)

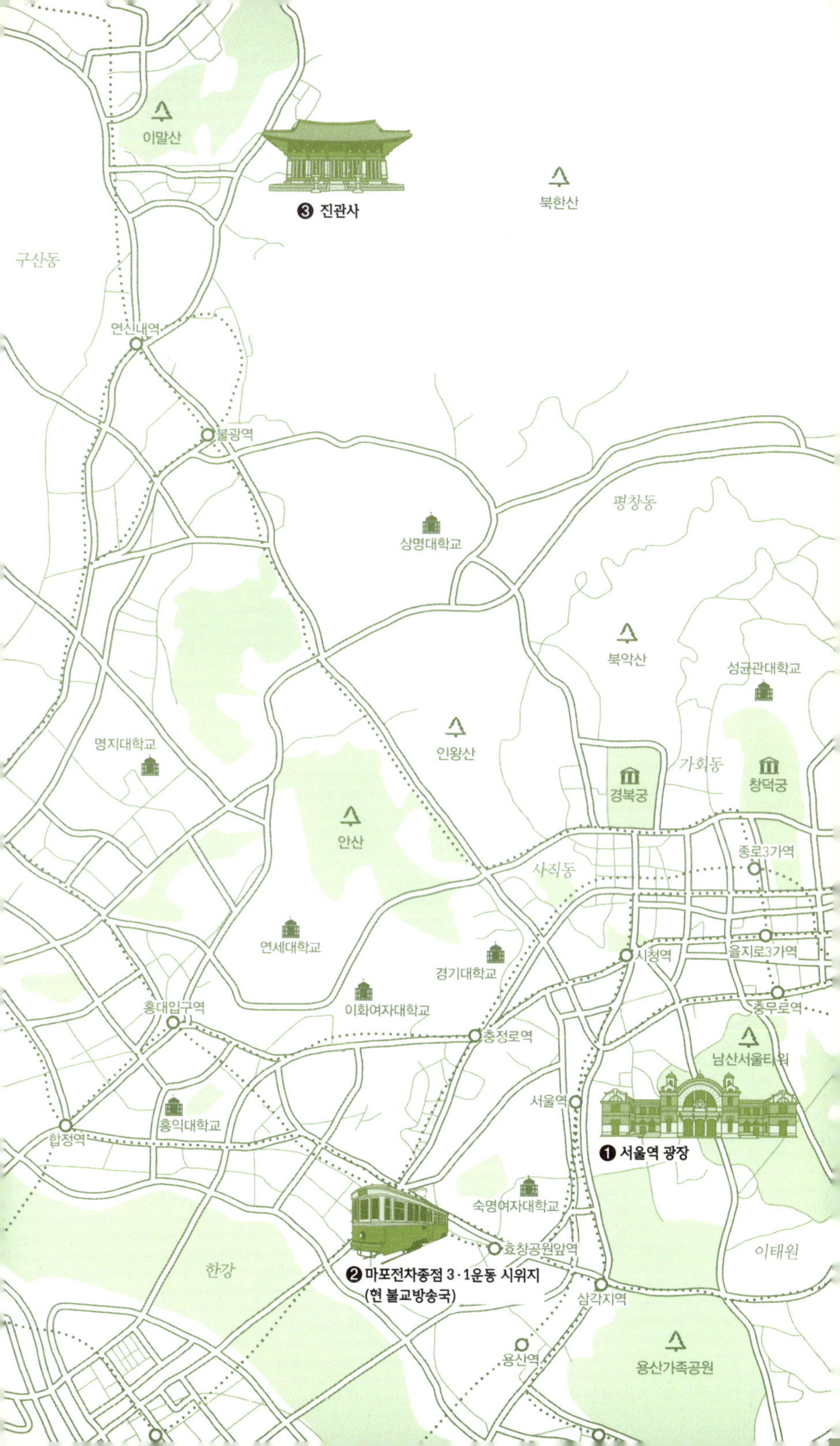

이말산
❸ 진관사
북한산
구산동
연신내역
불광역
평창동
상명대학교
북악산
성균관대학교
인왕산
명지대학교
가회동
경복궁
창덕궁
안산
종로3가역
사직동
연세대학교
경기대학교
시청역
을지로3가역
이화여자대학교
충무로역
홍대입구역
충정로역
남산서울타워
서울역
홍익대학교
합정역
❶ 서울역 광장
숙명여자대학교
효창공원앞역
이태원
한강
❷ 마포전차종점 3·1운동 시위지
(현 불교방송국)
삼각지역
용산역
용산가족공원

3월 5일 서울역에서의 학생단 시위

이번 답사 현장은 3월 1일 이후 서울의 만세운동이 어떻게 서울 외곽과 전국으로 확산되었는지 알 수 있는 장소들이다. 답사는 서울역에서 출발하여 마포를 거쳐 은평구에 있는 진관사까지 가는 코스이다. 일반적인 도보 답사는 무리이기 때문에 버스를 대절해 이동하기로 하였다.

그리고 집합 장소로 서울역 광장에 있는 강우규 동상 앞에서 모여 시작하려고 했으나 이날은 비가 오는 관계로 대합실에서 모여 설명을 시작하였다. 춥지는 않지만 우산을 쓰고 다녀야 하기 때문에 불편한 감도 없지 않았다. 하지만 3·1운동 100주년을 기념한 이번 답사에 참가하는 시민들의 열의는 날씨와 상관없어 보였다. 100년 전 만세운동에 참가했던, 그리고 전국에 독립만세 함성을 퍼져나가게 했던 한국인의 열의 역시 그러했을 것이다.

3월 1일 서울 시내는 독립만세 소리로 가득했다. 하지

흐린 날씨의 서울역 광장

만 3월 3일은 고종의 장례식인 관계로 시내에서는 시위가 잠잠했다. 한국인들의 만세 시위에 놀란 일제는 시내 곳곳을 삼엄하게 감시했지만 이틀 뒤인 3월 5일 다시 대규모의 만세 시위가 일어난다. 그리고 그곳은 서울 사대문 안쪽이 아닌 바깥쪽이었다. 바로 서울역이다.

우리가 알고 있는 구 서울역사는 오늘날 '문화역서울284'라는 이름으로 바뀌어 문화전시공간으로 사용되고 있다. 일제강점기 이곳은 서울로 들어오는 관문이었다. 지금의 공항이 그러하듯이 이 시기에는 기차역이 그러한 역할을

1910년대 목조건물이었던 서울역(남대문역)

담당했다. 그 때문에 서울 3·1운동의 확대와 전파는 자연히 서울역을 통해 이뤄졌다.

1919년 3월 5일 서울역에서의 만세 시위 주도자들은 3월 1일 체포된 종교지도자들이 아닌 학생들이었다. 이들은 민족대표들의 역할을 이어받아 만세운동을 지속하였다. 참고로 지금 볼 수 있는 구 서울역사 건물은 1925년 신축된 것이고, 1919년 그날의 만세 시위가 벌어진 당시의 모습은 목조건물로서 '남대문역'이라고 불렸다.

3·1운동 준비 단계 당시 학생세력들은 민족대표 33인으로 대표되는 종교지도자들과는 별도로 독자적 거사계획을 추진하고 있었다. 학생들의 움직임이 기록상에 나타난 것

은 1919년 1월 6일 무렵이었다. 경성의학전문학교 학생 한위건이 YMCA 간사 박희도를 만나 학생들과의 저녁 식사를 권유하였다. 그리고 종로구 관수동 중국음식점 대관원大觀園에서 한위건을 비롯해 김원벽과 강기덕, 보성전문학교 졸업생 주익朱翼이 자리를 같이하였다. 이때 주익이 파리평화회의가 열리고 있으니 우리 한국인들도 무엇인가 의사를 표시해야 할 것이 아니냐는 의견을 표명하였다.

얼마 후 박희도는 김원벽과 상의하고 YMCA 청년회원을 새로 모집을 명분으로 하여 1월 26일 저녁 중국음식점 대관원에 주익, 윤화정, 강기덕, 윤자영, 이용설, 주종의, 김형기 등 모두 9명을 불러 모았다. 이때 다시금 주익은 한국

YMCA 단체사진 중 김원벽(우측 맨 아래)

이 독립할 시기이므로 일어나야 한다고 주장하였다. 반면 김원벽은 시기상조라고 하면서 1주일 정도 생각할 시간을 달라고 요청했다. 김원벽은 학생세력 중 지도력을 인정받고 있었기 때문에 다른 학생들은 재차 그를 설득했고, 며칠 지나지 않아 그 역시 찬성으로 뜻을 굳혔다. 그리고 학생들은 종교인들과는 개별적으로 독립선언서와 독립운동을 준비하기 시작했다.

그런데 2월 23일 박희도로부터 천도교와 기독교가 독립선언을 할 것이라는 소식을 전해 들으면서 이들은 기존의 계획을 접고 종교인들과 함께 거사를 진행하기로 하였다. 2월 25일 승동교회에서 다시 회합한 학생대표들은 다음과 같은 방침을 정했다.

- 선언서는 학생 측에서 발표하지 않을 것.
- 중등학교 학생들은 3월 1일 선언서 발표 때에 모두 참가할 것.
- 이후의 운동에 관해서는 학생 측에게 임의의 행동에 맡길 것.
- 3월 1일의 운동에는 전문학교 학생들은 가급적 나오지 않도록 할 것.

이러한 방침은 3월 1일의 만세운동에서 학생들의 참가는 독려하되, 1일 이후의 시위를 이어가기 위해서는 전문학교 이상의 학생대표들이 그것을 맡아야 하기 때문이었다.

한편 3월 1일 다음 날인 2일에도 만세 시위가 이어졌다. 서울 종로 사거리에서는 3월 2일 12시 20분부터 노동자와 소수의 학생 약 400여 명이 만세 시위를 전개하였고, 일제는 20명을 체포하였다. 고종의 국장일인 3월 3일에는 시위가 '불경'이 되므로 큰 시위는 없었다. 하지만 이날 밤에도 신정(현 묵정동) 일대에서 만세 시위가 벌어졌다.

3월 4일 학생들은 다음 날 계획된 대규모 만세 시위를 준비하고, 서울 각 학교의 학생대표들은 배재학당에서 만나 다음 날인 5일 오전에 서울역 앞 광장에서 만날 것을 결정하였다. 대규모 시위를 5일 거행하기로 정한 것은 각 학교 학생들이 국장일인 3일을 피해 4일에 모이다 보니 시위 일정

강기덕

을 논의하는 데 시간이 필요했기 때문이었다.

이튿날인 3월 5일 오전 9시 무렵 학생들의 주도면밀한 준비 속에 서울역 광장에 군중들이 모여들기 시작했다. 그 수는 수천 명을 헤아렸다. 학생대표는 연희전문학교의 김원벽과 보성법률상업학교의 강기덕이었다. 이들은 각각 인력거를 타고 '조선독립'이라고 쓴 깃발을 휘날리며 제2차 만세운동을 벌일 것을 선언하였다. 군중들은 일제히 독립만세를 불렀다. 선두에 선 김원벽과 강기덕을 따라 시위대는 남대문 방향으로 만세를 부르며 시가행진을 시작하였다.

이때 붉은 완장을 두른 학생들이 격문을 뿌렸고 시위에 동참하는 한국인들은 더욱 늘어났다. 서울 학생들뿐 아니라 평양 방면에서 기차를 타고 온 200여 명의 학생도 가담했다. 평양에서는 서울 학생들의 활동이 활발하지 않으므로 각 도에서 결사대를 조직, 경성 학생들을 고무시켜 운동을 대대적으로 펼치고자 한다는 소문이 퍼졌다. 기차역의 군중들도 환호하며 학생들과 함께 독립만세를 외쳤고 그 수가 1만 명이나 되었다. 학생 중에는 피를 흘릴 각오가 되어 있다는 표시로 붉은 수건을 팔뚝에 두르고 붉은 수건과 인쇄물을 군중에게 배포하였다. 일부는 태극기를 들고 독립만세를 외치며 남대문 방면으로 향했다.

남대문 앞에 이르렀을 때 시위대를 제지하기 위해 출동한 일제 경찰에 의해 김원벽·강기덕 등 지도부가 체포되었다. 검문을 피한 시위대는 여러 갈래로 나뉘었다. 한 무리는 남대문시장 → 조선은행 앞 → 종로 보신각 방향으로, 또 한 무리는 남대문 → 대한문 앞 → 무교정 → 종로 보신각으로 향했다. 대한문 앞에서는 약 1만 명에 이르는 한국인들이 모여 만세 시위를 벌였고, 종로 보신각 앞에서는 정오 무렵 여러 갈래로 나누어졌던 시위대가 집결하여 만세를 외치다 강제로 해산을 당했다.

당시 3월 5일은 고종의 국장을 보러 올라온 사람들이 다시 기차를 타고 지방으로 내려가기 위해 서울역으로 몰려들던 시기였다. 그 때문에 많은 사람이 참가할 수 있었다. 그리고 기차를 타고 지방으로 돌아간 사람들은 서울에서 일어난 만세운동 상황을 전파했다. 이들은 사전에 각 지방으로 배포된 〈독립선언서〉와 함께 3·1운동을 전국으로 확대하는 역할을 담당하였다.

한편 김원벽 등 학생대표들은 이날 일제 경찰에 체포되었다. 김원벽은 체포 과정에서 쇄골에 부상을 입었다. 재판은 8개월 동안 진행되었고 1920년 10월 30일 경성복심법원은 〈보안법〉 위반으로 미결 구류 360일을 포함한 징역 2년

벽돌건물로 개축한 경성역

을 선고하였다.

원래 서울역은 최초에는 '남대문역'이라고 이름 붙어졌고, 염천교 아래 논 가운데의 10평 남짓한 목조 막사였다. 이후 1910년 '경성역'으로 개칭되었다. 일제는 식민지 수도 경성의 인구가 증가하고 이곳이 교통의 요충지로서 맡은 역할이 중요해지면서 새로 역사를 짓게 되었다. 당시 일제는 철도로 만주의 펑텐奉天, 중국 관내의 베이징, 그리고 러시아의 시베리아까지 철도로 연결하여 유럽까지 연결한다는 구상을 하고 있었다. 이에 1922년 6월 신역사 공사에 착수하여 1925년 9월 준공하였다. 본래 1923년 준공 예정이었으나 일본 간토대지진으로 공사가 지연되었다. 완성된 신역사는 '동양 제1역은 도쿄역, 제2역은 경성역'이라고 할 정도로 일본 도쿄역 규모에 비견되었다.

여담이지만 오늘날 서울역 광장에 세워져 있는 동상의 주인공인 강우규 의사가 1919년 9월 2일 이곳에서 신임 총독으로 부임하던 사이토 마코토[齋藤實]에게 폭탄을 던질 당시에는 신역사가 준공되기 이전이었다. 즉 3·1운동과 강우규 의사의 의거 당시에는 현재의 구 서울역사 건물은 없었다.

이후 1945년 해방되면서 1년 뒤인 1946년 '서울역'으로 개명되었고, 6·25전쟁으로 많은 부분이 파괴되었으나 전쟁 후 다시 복구되었다. 그 후 역사 남측에 새마을호 대합실이 증축되고 1988년 역사 현대화와 시민 편의를 위해 '서울역 선상대합실 공사'가 이뤄지면서 역사의 대합실 공간은 선상역사線上驛舍로 이관되었다.

또한 서울역의 모습은 2000년대 들어 KTX가 등장하면서 다시 한 번 바뀌게 되었다. 2003년 역사 우측에 외벽이 유리로 된 신역사가 만들어지고 2004년 4월 KTX가 개통되면서 구 역사는 폐쇄되었다. 이후 한동안 사용하지 않고 방치되다가 2009년 문화시설로 사용하기 위한 리모델링과 복원 공사를 진행해 2011년 8월 '문화역서울 284'로 개관하였다. 참고로 '문화역서울 284'에서 '284'는 구 서울역사의 문화재 관리번호인 사적 제284호에서 따온 이름이다.

1970년대 서울역 모습

오늘날의 서울역 신역사

3·1독립운동기념터 표석

이처럼 오늘날 서울역은 KTX가 다니는 신식 건물이 그 역할을 담당하고 있다. 그리고 일제강점기와 해방 후 1990년대까지 사용하던 구 역사는 전시공간과 박물관으로 사용되고 있다. 구 서울역사 내에는 DMZ와 관련된 사진과 그림들이 전시되고 있었다. 어떻게 보면 일제강점기의 아픈 역사를 넘어 해방 후 현대사의 굴곡까지도 이곳 구 서울역사가 간직하고 있음을 상징하는 것은 아닐까 하는 생각이 잠시 스쳐 지나간다.

또한 이곳에는 1919년 3월 5일 당시의 시위를 알려주는 '3·1독립운동기념터' 표석이 광장 옆의 파출소 좌측에 놓여 있다. 바로 옆에 버스정류장이 있기 때문에 표석을 찾기 위해서는 광장보다 정류장을 찾는 것이 더 빠르다.

3·1운동 시위와
마포전차종점

다음 답사 장소는 '3·1운동기념터 마포전차종점' 표석이 있는 마포구 불교방송국 앞이다. 서울역에서 불교방송국까지는 제법 멀리 떨어져 있다. 일반인들이 걸어서 몇 시간 이상 걸리는 거리이기 때문에 버스를 대절해 이동하게 되었다.

'3·1운동기념터 마포전차종점' 표석은 불교방송국 바로 앞에 위치하고 있다. 하지만 바람이 너무 강했기 때문에 이 지역에 대한 설명은 부득이하게 불교방송국 건물 안에서 해야 했다. 답사 참가자들은 표석을 확인한 후 설명을 듣기 위해 건물 로비에 모여 귀를 기울였다.

1919년 3월 1일 탑골공원에서 시작된 만세 함성은 이후 어떻게 되었을까? 일제 경찰 보고에 의하면 3월 1일 당시 종로와 대한문, 그리고 본정 일대에서의 시위는 오후 7시 무렵 소강상태가 되었다고 한다. 하지만 저녁이 된 이후에도 한국인들의 만세운동은 지속되었다. 다음의 글은 일제 경찰

불교방송국 앞 전경

3·1운동기념터 마포전차종점 표석

표석 앞에 모인 답사 참가자들

당시 운행하던 전차

이 3월 2일 오후 4시 30분 현재 서울 각지의 상황을 보고한 전보이다.

> 앞서 보고한 소요는 어느 정도 진정되었으나 그 후 오후 8시경 마포전차종점 부근에서 약 1,000명이 모였고, 또한 오후 11시경 기독교 소속 연희전문학교 부근에서 학생 약 200명이 모였다가 얼마 지나지 않아 해산하였다. 또한 시내에서는 다음 날인 3월 2일 새벽 2시를 기해 독립운동을 시도하였고, 또는 3일 국장 당일 덕수궁 앞에 많은 군중이 대여大轝를 탈취할 것이라는 등 불온한 풍설이 있었으나, 그 후 어떠한 사고도 발생하지 않았다.
>
> 하지만 2일 새벽 0시 20분에 종로 교차로에서 약 400명이 집단으로 만세를 부르며 종로경찰서 앞으로 다가오기에 이를 제지하고 수괴로 파악되는 자 20명을 체포하자 곧 해산하였다. 이들 집단은 다수가 노동자들이고 소수의 학생들도 가담하고 있었다. 이후 본일 오후 4시에 이르기까지는 모두 정숙하고 시위라고 볼 만한 운동은 하고 있지 않다. 하지만 지방 각지에서 국장을 보기 위해 입경한 자들이 수만에 달하기 때문에 시내는 극도로 복잡하다. 그러므로 어떠한 사태가 발생할지 헤아릴 수 없으므로 엄중히 경계하고 있다.

이처럼 3월 1일 탑골공원을 출발한 만세 시위는 오후

7시 무렵 어느 정도 소강상태가 되었다. 하지만 3월 1일 저녁과 이튿날 새벽에도 서울 시내는 물론, 사대문 바깥 지역에서는 만세함성이 이어졌다. 민족대표 33인이 일제 경찰에 피체되어 지도부가 없는 상황이었으며, 학생대표들도 3월 5일 서울역 앞에서의 시위를 준비하기 위해 전면에 나서지 않은 상황이었다. 그럼에도 불구하고 민중들이 자발적으로 모여 만세운동을 벌였다.

일제 경찰이 보고한 전문의 내용 가운데 마포전차종점과 이 일대에서 벌어졌던 만세운동을 보면 3월 1일 저녁 8시경에 이르러서 약 1,000명의 군중이 모였음을 알 수 있다. 또한 전차종점에서 얼마 떨어지지 않은 연희전문학교 부근에서도 밤 11시경 학생 약 200명이 모여 만세 함성을 외친 사실도 확인할 수 있다.

이날 서울에서의 만세 시위는 해가 저물도록 계속되었다. 그러나 〈독립선언서〉의 공약삼장公約三章에서 밝힌 바와 같이 질서를 유지하였다. 이 때문에 3월 1일 당일은 물론 그 이후에도 수많은 한국인이 독립만세를 부르며 시위에 나섰을 때도 '비폭력 운동'을 유지할 수 있었다. 그것은 우리 민족이 가장 평화적인 방법으로 독립 의지를 표출하려는 3·1운동의 정신이 있었기에 가능했다.

오늘날 마포 일대는 1919년 그날의 모습과는 매우 다르다. 높은 빌딩들이 줄지어 있고 많은 자동차가 대로를 다

마포나루

일제강점기 당시의 마포 일대

닌다. 주말은 물론 주중에도 한적함이 존재하지 않는다. 주변은 주거지뿐 아니라 사무실들이 많아 점심시간 때면 북새통을 이룬다. 만세 함성이 들렸을 당시 이 일대가 어떠한 모습이었는지는 사진으로만 알 수 있다.

원래 이곳은 조선시대에 마포나루가 있던 곳이다. 그리고 마포나루 강 건너에는 백사장이던 여의도가 있었다. 마포는 용산강 하류에 있는 포구로서, 서울 남서쪽의 운수교통량이 많은 5강 가운데 하나였다. 이곳에는 삼남 지방의 곡식과 새우젓 등 젓갈류의 집산으로 유명했다.

이후 대한제국 시기인 1900년 한강철교가 개통되면서 마포나루가 가지고 있던 상업 기능은 쇠퇴하기 시작하였다. 육상 교통에 의해 더욱 편리하게 물자를 운송할 수 있게 됨에 따라 기존의 수운은 더는 경쟁력을 갖출 수 없었기 때문이다.

한편 1903년 한성전기회사에서 이곳에 전차 운행과 전등 가설에 필요한 225kW급 발전소를 설치하였고, 1907년 기존의 서대문까지 운행하던 전차 노선을 마포까지 연장하였다. 이후 일제 말기인 1943년 구제區制가 시행되면서 경성부에는 7개 구區가 설치되었다. 이때 마포구는 설치되지 않았는데, 1년 뒤인 1944년 서대문구와 용산구의 일부가 마포구로 분리되면서 여덟 번째 구가 되었다.

광복 이후에도 마포 일대의 변화는 계속되었다. 우선 6·25전쟁을 겪으면서 강화만이 막히게 되자 한강으로의 선박 출입이 금지되었고, 마포의 포구 문화가 사라지게 되었다. 또한 1956년 6월부터 이 일대의 침수 방지를 위해 마포 유수지 건설이 시작되어 1958년 준공되었다. 시간이 흘러 1968년에는 서울 교통의 흐름을 저해한다는 이유로 기존의 전차 운행이 폐지되었다. 아울러 강남개발이 시작된 1970년에는 마포대교가 개통되었다.

지하철도 들어왔다. 1996년 12월 지하철 5호선 마포역과 공덕역이 개통되었고, 2000년 12월에는 공덕역 6호선이 들어오면서 기존의 5호선 공덕역과 환승 노선이 되었다. 이후 2011년 11월에는 인천국제공항철도가 공덕역에 들어왔고, 2012년 12월에는 경의중앙선 공덕역이 들어오면서 이 일대는 서울 지하철 서쪽의 주요 환승 지역이 되었다. 그 덕분인지 이 일대는 높고 큰 빌딩들이 즐비하다. 교통이 편리하니 사람과 물자가 모이는 것은 조선시대나 21세기인 오늘날이나 모두 같다.

현재 이곳 마포가 전차종점이었음을 알려주는 것은 표석 정도이다. 유형의 건물이나 전차 노선은 남아 있지 않다. 1960년대 후반 은방울자매가 불러서 큰 인기를 끈 〈마포종점〉이 그나마 예전의 마포전차종점을 기억하게 해준다.

마포종점

밤 깊은 마포종점 갈 곳 없는 밤 전차
비에 젖어 너도 섰고 갈 곳 없는 나도 섰다
강 건너 영등포에 불빛만 아련한데
돌아오지 않는 사람 기다린들 무엇하나
첫사랑 떠나간 종점 마포는 서글퍼라

저 멀리 당인리에 발전소도 잠든 밤
하나둘씩 불을 끄고 깊어 가는 마포종점
여의도 비행장에 불빛만 쓸쓸한데
돌아오지 않는 사람 생각하면 무엇하나
궂은비 나리는 종점 마포는 서글퍼라

노래 가사에 나오는 마포종점과 여의도 비행장은 역사 속으로 사라졌다. 마포종점은 1968년에, 여의도 비행장은 1971년에 폐쇄되었다. 서울이 확장되면서 이들은 모두 옛 추억으로 남게 되었다. 그리고 100년 전 1919년 3·1운동 당시의 마포전차종점에서 울려 퍼졌던 만세 소리는 그보다 더 옛날의 역사가 되었다. 하지만 이번 답사가 그러한 3·1운동의 역사를 잊지 않는 계기가 되었으면 한다.

[한 걸음 더 읽기]

러시아 총영사 야콥 륫쉬(Я.Я. Лютш)의 3·1운동에 관한 보고서

1919년 3·1운동 당시 외국인들의 눈에 비친 서울의 모습은 어떠했을까? 이와 관련해서는 당시 한국에서 활동하던 서양인 선교사들의 기록이 많이 소개되어 있다. 여기에서는 선교사가 아닌 당시 러시아 총영사로 서울에 있던 야콥 륫쉬가 작성한 보고서를 소개한다. 내용은 3월 5일 서울역 앞에서의 만세 시위와 각 지방으로 퍼져나간 모습이다.

러시아 총영사 야콥 륫쉬(Я.Я. Лютш)의 3·1운동에 관한 보고서

서울, 1919년 3월 31일

바실리 니콜라예비치 귀하

3월 5일 서울의 거리 도처에서 집회가 목격되었습니다. 열정적인 연설이 행해지고 조선의 자유를 요구하는 구호가 외쳐졌으며, 일본인들에 대해 저주가 퍼부어지고 선동적인 선언이 확산되었고, 조선의 국기를 든 사람들의 행진이 이어졌습니다. 경찰과 군인들이 모욕을 당하고 심지어 폭행을 당하기도 하였습니다. 몇몇 유혈충돌이 발생하여 경찰 2명과 헌병 2명, 그리고 시위 가담자 1명이 중상을 당했습니다. 시위가 격렬해졌으며, 체포 시 구타와 폭행이 수반되었습니다. 특히 여학생 참가자들이 고초를 겪었습니다. 서울에서 이날 벌어진 가두시위의 결과 거의 400명의 사람이 체포되었습니다. 바

로 그날 도쿄에서 온 조선 학생들의 비밀집회가 적발되어, 집회 참가자 60명이 현장에서 체포됨과 동시에 음모 연루자 43명도 아울러 체포되었습니다. 저녁 7시경에 이르러서야 도시의 소요사태가 겨우 진정될 수 있었습니다.

서울 주변은 전 지역이 소요로 덮였으며, 지방도 역시 마찬가지였습니다. 그렇게 해서 대규모 시위가 벌어진 군산에서는 30명이 체포되고 3,000장의 독립선언서가 압수되었습니다. 재령에서는 3,000여 명이 시위에 참여하고, 20명이 체포되었습니다. 고령에서는 150명이 시위에 참여하였고, 5명이 체포되었습니다. 3월에 경상북도 경주에서 올라온 20인조 중에서 5명의 조선인 학자들이 부친(고종)의 장례를 마치고 돌아가는 젊은 왕자에게 조선의 상황에 관한 비망록을 제출하려고 시도하였습니다. 하지만 그들이 헌병들에게 체포됨으로써 시도가 무산되었습니다.

나라의 정상적 생활이 망가졌습니다. 시위 참여자들이 파업을 일으켰습니다. 예를 들면, YWCA 같은 몇몇 기관이 행정 당국의 조치로 문을 닫았습니다. 도처에서 수색이 진행되었습니다. 조선인 상인들 및 많은 기관에서 일하는 조선인 사무원들이 항의 표시로 파업을 선언하였습니다. 전차는 거의 멈춰 섰고, 조선인 상점들은 문을 닫았습니다. 비록 시위가 비무장 상태로 전개되었지만, 그래도 시위하는 쪽에서나 진압하는 쪽에서나 희생자가 나올 수밖에 없었습니다.

상황은 점점 더 심각해졌습니다. 군과 경찰의 초소들이 강화되었고, 도심 여러 곳에 기관총이 설치되었습니다. 각국 영사관은 총독부로부터 군중이 집결해있는 지역의 거리로 나가면 위험하다는 경고와 함께 그 위험성에 관해 자국 신민들에게 고지하라는 요청을 받았습니다. 비상경계조치가 취해진 덕분에 수도는 다소 진정되었으나, 그 주변 지역과 각 도道에서는 소요가 계속되었습니다.

[한 걸음 더 읽기]

3·1운동 이후 김원벽과 한위건의 활동

3월 5일 서울역 앞에서의 만세운동을 주도했거나, 혹은 참가한 학생들은 이후 어떠한 활동을 했을까? 여기에서는 서울 각 학교 학생대표 중 연희전문학교 대표이자 학생대표 중에서 가장 영향력이 컸던 김원벽, 그리고 경성의학전문학교 대표였던 한위건의 활동을 소개한다.

당시 연희전문학교 학생대표이자 3월 5일 서울역 앞 만세운동의 주도자 중 한 명인 김원벽은 시위를 이끌던 도중 일제 경찰에 체포되었다. 그는 체포 당시 쇄골이 부러지는 중상을 입었다. 체포된 이후 재판은 8개월 동안 진행되었고 1920년 10월 30일 경성복심법원은 〈보안법〉 위반으로 미결 구류 360일을 포함한 징역 2년을 선고하였다.

1921년 11월 출소 후 그는 사회운동에 적극 참가하고, 각종 강연회를 통해 식민지 조선이 처한 현실과 문제점에 대해 언급하면서 그것의 해결을 촉구하였다. 이후 1922년 1월 박희도, 이병조 등과 함께 '신생활사'를 조직하고 《신생활》을 발행하였다. 이러한 활동에 대해 일제는 잡지의 창간호부터 '치안방해' 혐의를 씌우고 발매금지 처분을 내렸고, 압수와 발매금지가 반복되면서 1923년 이후 제대로 된 발간 활동이 어렵게 되었다.

이후 1923년 10월 최남선을 중심으로 창간한 《시대일보》 창립위원으로 활동하고 해당 신문사의 서무국 경리부장직을 담당하였다. 당시 《시대일보》는 《조선일보》와 《동아일보》가 정치면을 제1면에 배치한 것과 달리 사회면을 제1면에 배치하였다. 또한 매일 1면에 칼

김원벽

럼을 싣고, 6컷의 미국만화를 싣는 등 참신한 시도로 주목받았다. 하지만 신문사의 운영 자금이 부족해지면서 최남선은 창간 두 달 만에 발행권을 보천교 측에 넘겨 이를 해결하려고 했다. 이에 사원들이 반발하면서 분규가 일어나 사회 이슈가 되기도 했다. 이러한 분규 속에서 결국 김원벽은 1925년 신문사를 떠나게 되고, 그해 10월 《소년주보》를 창간하고 이사로 활동하였다.

하지만 이 시기 그는 장티푸스를 앓게 되어 고향인 황해도 봉산군의 사리원으로 내려가게 되었다. 그곳에서 지역 대중운동을 이어가, 봉산청년회 활동을 비롯해 사리원 차지인조합借地人組合 창립을 주도하였다. 또한 생업을 이어가기 위해 운송업에 참여하여 사리원 환사운송점丸沙運送店 전무로 일했으며, 선운동우회鮮運同友會 활동에 가담하였다.

한편 1927년 1월 조선총독부 철도국은 〈승인운송점개정규칙초안〉을 발표했다. 이것은 철도역 1곳당 해당 역에서 취급하는 화물 수량을 절반 이상 점유하거나 납입금의 50% 이상을 점유하는 업체 1개만을 승인하겠다는 소위 '1역1점주의'를 주요 내용으로 하였다. 당시 한국인 운송점들의 자본과 규모는 일본인보다 열악했기 때문에 철도역에서 취급하는 화물 운송의 대부분을 일본인들이 차지할 것이 뻔했다. 이에 한국인 운송업자들은 선운동우회를 중심으로 반대운동을 전개하였다.

1927년 7월 선운동우회 전국대회가 열렸고 1곳의 철도역에 한국인과 일본인 운송점 1개씩을 두자는 '1역2점주의'를 주창하였다. 이때 김원벽은 실행위원과 교섭위원으로 선출되어 다른 위원들과 함께 총독부 철도국을 방문해 한국인들의 입장을 피력하였다. 이후 그는 동우회 상무위원으로 활동하지만, 1928년 4월 9일 발진티푸스 치료를 받던 도중 35세의 나이로 사망하였다. 광복 후인 1962년 정부는 건국훈장 독립장을 추서하였다.

한편 함경남도 홍원 출신으로 경성의학전문학교 대표로 3월 5일 서울역 앞 만세운동 주도자 중 한 명이던 한위건은 일제의 검문을 피해 1919년 4월 상하이로 건너가서 대한민국 임시정부 내무위원으로 선임되고 5월에는 임시의정원 함경도 의원으로 활동하였다. 그러나 이승만의 위임통치 청원과 여운형의 일본 방문에 비판적인 입장을 보였고, 신채호가 상하이에서 발간하던 《신대한新大韓》 발간에 참가하기도 했다.
이후 1920년 일본으로 건너가 와세다대학 정치경제과에 입학하고, 그해 10월 김세연·하필원·박락종 등과 '공산주의연구회'에 참여하여 마르크스주의 학습을 하면서 조직 활동을 모색했다. 그는 점차 사회주의를 민족해방의 이념으로서 받아들이기 시작했다.
1922년 2월 그는 이여성李如星 등과 도쿄 유학생 학우회에 참여하여 1923년 7월 학우회 여름 순회강연단 일행으로 귀국하였고, 마산과 인천 등지에서 〈현하現下 우리 사회의 사회학적 고찰〉이란 강연을 하였다. 이후 1925년 3월 동아일보사에 입사하여 그해 4월에 열린 전조선기자대회준비위원회에 참여하고 1925년 9월 비타협 민족주의 계열이 조직한 조선사정연구회에도 참여하였다.
1926년 12월 6일 조선공산당 2차 당대회에서 그는 중앙집행위원으로 선출되어 선전부를 담당하고, 신간회 발기준비모임에도 참여하였다. 그러다가 1928년 7월 발생한 '제4차 조선공산당사건' 당시 체

한위건

포를 피해 상하이로 건너가게 된다. 이후 1929년 5월《계급투쟁》등을 발행하며 조선공산당 재건운동을 벌였다.

2년 뒤인 1931년 4월 베이징에서 중국공산당에 가입하였다. 당시 '이철부李鐵夫'라는 이름을 사용하며 중국공산당 내부의 극좌 노선을 비판하였는데 오히려 반대파로부터 비판의 대상이 되기도 하였다. 이후 1937년 5월 옌안에서 개최된 소비에트구역 당대표 대회에 국민당지구대표로서 참석했으나 그 해 7월 폐결핵으로 사망하였다. 이때 그의 나이 42세였다. 2005년 정부는 건국훈장 독립장을 추서하였다.

진관사에 숨긴 태극기,
그리고 백초월

다음으로 우리가 향한 곳은 은평구에 위치한 진관사이다. 마포유수지 공영주차장에서 출발한 우리들은 강변북로를 타고 서쪽으로 이동하다가 성산대교 앞에서 방향을 바꿔 시내로 들어가 은평구 방면으로 향했다.

한국독립운동사에서 진관사는 매우 의미 있는 곳이다. 2009년 진관사 칠성각 해체 보수 중 내부 불단과 벽체 사이에서 오래된 태극기 1장을 비롯해 1919년 6~12월 사이 발행된 《신대한》 3점, 《독립신문》 4점, 《조선독립신문》 5점, 《자유신종보》 6점, 〈경고문〉 1점 등이 발견되었다.

태극기는 발견 당시 신문류를 감싼 모습이었는데 일장기에 청색을 덧칠한 모양으로 왼쪽 윗부분 일부가 탄 흔적이 남아 있다. 당시의 태극기 중 오늘날까지 실물이 남아 있는 것은 많지 않다. 역사적 가치를 인정받아 등록문화재로 지정된 태극기도 15매 정도에 불과하다. 이러한 점에서 진관사에서 발

진관사 태극기

견딘 태극기가 우리에게 다가오는 의미는 자못 크다.

발견한 신문류를 보면 《신대한》은 신채호가 상하이에서 창간한 독립신문이었고, 《독립신문》은 대한민국 임시정부의 기관지이며, 《조선독립신문》은 천도교 측이 독립선언과 동시에 발간한 지하신문이다. 《자유신종보》 역시 지하신문으로서 비슷한 시기 발행되었고, 〈경고문〉은 독립운동을 끝까지 실행할 것을 호소하는 전단지 성격의 문건이다. 진관사 태극기와 독립신문류들은 2010년 등록문화재 제458호로 지정되어 그 가치와 의미를 인정받고 있다.

한편 우리들은 진관사를 가기에 앞서 인근에 있는 은

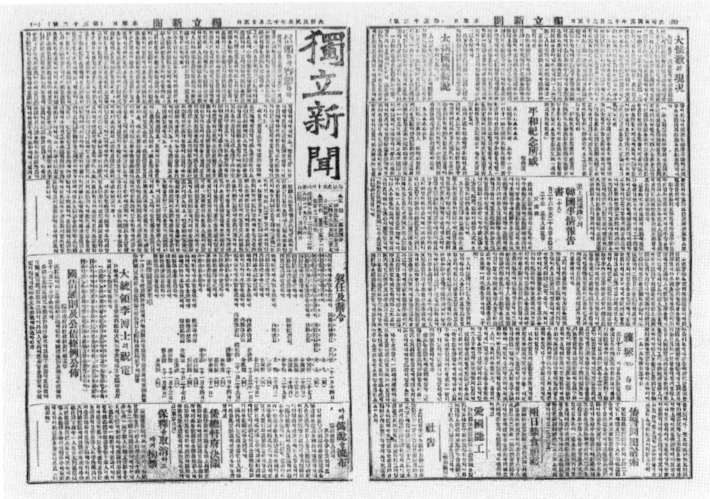
獨立新聞

《독립신문》

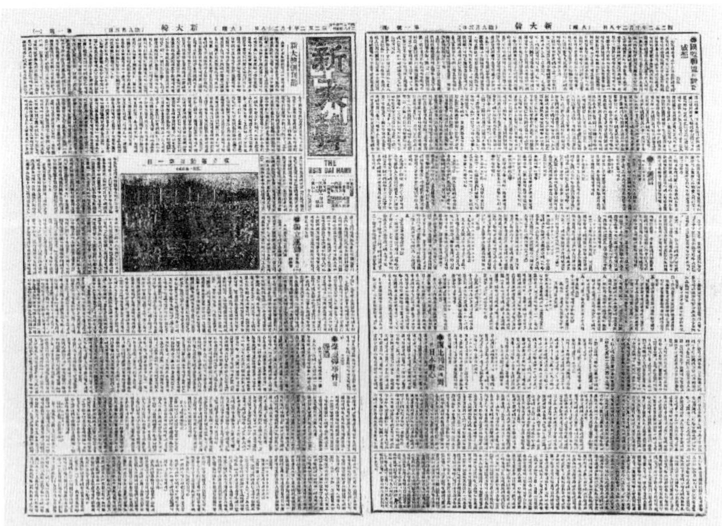
新大韓

《신대한》

평역사한옥박물관에 들렀다. 때마침 3·1운동 100주년을 기념한 〈3·1혁명과 백초월〉 특별전이 열리고 있었기 때문이다. 2014년 개관한 은평역사한옥박물관은 은평뉴타운 건립 당시 발굴된 문화재들을 전시하고 있다. 박물관 입구에 도착하니 이곳 해설사가 답사 참가자들을 반갑게 맞이해 주었다. 우리들은 해설사의 설명을 들으면서 2층 전시실로 갔다. 2층에는 뉴타운을 만들 당시 이 지역에 있던 조선시대 무덤에서 나온 유물들이 전시되어 있다. 아울러 조선시대 한양의 길목이었던 구파발과 관련된 지도와 고서, 파발 관련 유물들도 볼 수 있었다.

우리가 보고자 하는 3·1운동 관련 전시는 3층에서 하고 있었다. 진관사 태극기와 각종 독립신문을 비롯해 독립운동과 관련된 각종 문서들과 근대 유물들을 볼 수 있었다. 한용운과 백초월의 서화 등도 같이 전시되어 있었다. 일부는 원본이 아닌 복제품이었지만 항일독립운동의 숭고한 뜻을 온전히 느끼기에는 부족함이 없었다.

또한 관람을 마칠 무렵 은평역사한옥박물관장이 이곳 진관사 일대의 풍수지리와 이 지역 출신 문인들의 활동에 이르기까지, 근현대사를 아우르는 설명을 보태주었다. 비는 그쳤지만 기온은 여전히 낮았다. 하지만 구름으로 뒤덮인 북한산 능선은 마치 수묵화를 보는 것 같은 모습이었다.

이제 우리는 박물관을 나와 진관사로 향했다. 진관사는

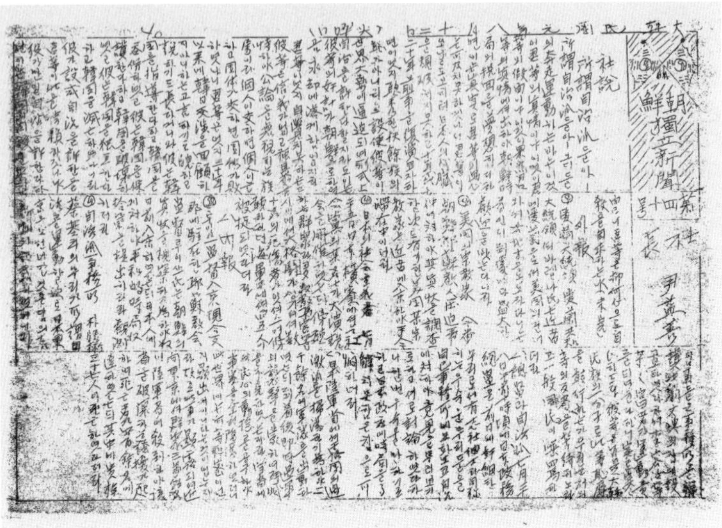

朝鮮獨立新聞

社說

《조선독립신문》

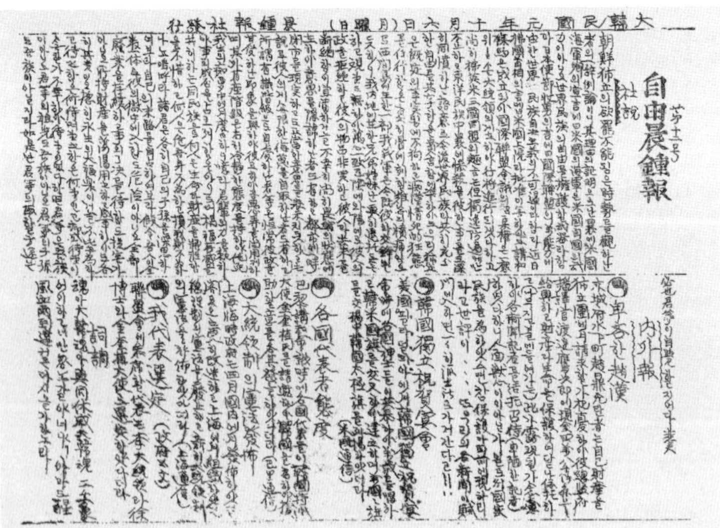

大韓民國元年十月六日(月曜日) 晨鐘報社發行

自由晨鐘報

社說

內外報

《자유신종보》

진관사가 위치한 북한산 능선 일대

고려시대인 1102년(현종 2) 창건되었다. 원래 이곳에는 신혈사라고 하는 작은 암자가 있었다. 당시 현종은 즉위 이전 출가해 신혈사에서 승려 생활을 하고 있었고, 왕위 계승 문제로 인해 여러 번 살해당할 위기에 놓였다. 다행히 이곳의 승려였던 진관대사의 도움으로 목숨을 건질 수 있었고, 왕으로 즉위한 현종은 대사의 은혜에 보답하기 위해 사찰을 크게 증축하고 진관사로 이름 붙였다고 알려져 있다.

오늘날 볼 수 있는 진관사 건물들은 대부분 6·25전쟁 이후 복원되거나 새로 지은 것들이다. 전쟁 당시 나한전, 칠성각, 독성각 3채만을 남기고 모두 소실되었기 때문이다. 이 가운데 칠성각이 바로 2009년 태극기와 독립신문들이 발견

은평역사한옥박물관에서 해설사의 설명을 듣는 답사 참가자들

특별전 출구의 태극기 조형물을 보는 필자

진관사 입구

진관사 건물로 들어가는 답사 참가자들

된 건물이다. 칠성각 앞에는 이러한 것들을 설명하는 안내판이 세워져 있다. 100년 전 그날 누군가가 몰래 건물 벽을 파고 신문을 넣은 태극기를 그 안에 숨기고 다시 벽을 쌓았을 것이다. 일제의 눈을 피해 독립운동의 혼을 이어가기 위해, 언젠가 민족 해방이 올 것이라는 믿음을 가지고 그 날을 기다렸을 것이다.

그렇다면 '그'는 누구였을까? 사찰 건물의 벽을 뚫고 태극기와 신문을 숨겼다면 아마도 진관사와 연관 있는 인물일 것이다. 또한 태극기와 국내에서 발간된 지하신문은 물론, 대한민국 임시정부가 발간한《독립신문》까지 소지했다면 국내외 독립운동에 적극적으로 나선 인물일 것이다. 특히 발견된《독립신문》4부는 1919년 11월 27일자 2부와 12월 25일자 2부였다. 같은 날 발행된 신문을 두 부씩 가지고 있었다면 이는 본인 이외에 다른 사람에게 전달하는 것을 목적으로 했음을 짐작케 한다. 따라서 이는 국내 배포를 목적으로 하는, 즉 국내외 독립운동의 연락 임무를 담당한 인물이 소지했다는 것을 의미한다.

학계에서는 당시 중앙학림(현 동국대의 전신) 강사로 있으면서 독립자금을 모아 임시정부와 만주 독립군에 보내는 등 국내외의 독립운동 연락을 담당하고, 진관사의 마포 포교당에 자주 기거한 것으로 알려진 승려 백초월白初月에 주목한다. 그리고 진관사에 태극기와 신문을 숨긴 인물이 백초월

발견 당시 태극기에 싸여져 있던 신문들의 모습

칠성각

백초월

본인이거나, 혹은 그와 깊은 관계가 있는 승려일 것으로 보고 있다.

백초월은 1878년 2월 경남 고성 출신으로 14세에 지리산 영원사에서 출가해 25세에 선사로 인정받았다. 이후 해인사 선원에서 수행하고 범어사 강원에 주석하였다. 또한 친일 성향 승려들이 한국 불교를 일본 불교 종파인 소토슈[曹洞宗]에 매각하려고 한 이른바 소토슈 매각에 반발한 임제종운동에도 참여하는 등 20~30대에 불교계에서 활발하게 활동한 인물이다.

1919년 3·1운동 당시에는 영원사 주지였는데 4월 서울로 상경하였다. 일제의 첩보문서에 의하면 그가 서울로 상경한 이유는 불교가 다른 종교들보다 독립운동에 적극적이지 않은 것을 개탄하였기 때문이라고 한다. 당시 민족대표 33인에 불교 인사는 백용성과 한용운 둘뿐이었다. 불교계를 대표하는 지도자급이었지만 전국으로 퍼져나간 만세운동에 승려들의 역할이 천도교와 기독교 인사들에 비해 적었다는 점이 백초월을 스스로 서울로 올라오게 했을 것이다. 또한 백용성과 한용운이 일제에 체포되어 수감되었기 때문에 그들을 대신에 불교계의 독립운동을 확대하고 이어나가는 역할을 맡을 필요성도 있었을 것이다.

革新公報

《혁신공보》

그는 명륜동에 위치한 중앙학림 내에 한국민단 본부를 설치하고 불교계의 독립운동 통할統轄을 추진하였다. 그리고 불교계 지하신문인 《혁신공보》를 발행하고 배포하였으며, 전국 불교계의 독립자금을 모아 임시정부에 2,000원, 만주 독립군에 수백 원을 보냈다. 또한 11월 25일 단군의 건국기념일을 기하여 삼청동에서 만세 시위를 벌였다. 이러한 활동으로 12월 일제 경찰에 체포되어 조사를 받았다. 1920년 2월에는 일본으로 건너가 3·1운동 1주년을 기념해 만세운동을 추진하였다가 3월 1일 체포되어 국내로 압송되었다. 같은 해 4월 승려독립선언서 및 의용승군 추진 사건으로 체포되는 등 지속적인 항일독립운동을 전개하였다.

하지만 그는 구금과 조사 과정에서 일제의 가혹한 탄압과 고문으로 거의 불구와 정신이상자가 되었다고 한다. 그리하여 출소 후에는 진관사의 마포 포교당에서 치료 겸 은신해야 했다. 1920년부터 1929년까지는 주로 마포 포교당에서 있으면서 서울 사찰의 강원에서 강사로 활동하고, 1929년 이후부터는 전국의 여러 사찰에서 활동하였다.

백초월이 다시 일제의 탄압을 받게 된 것은 1930년대 후반이었다. 1939년 만주 펑텐으로 가는 기차에서 '대한독립만세'라고 쓰인 낙서가 발견되었는데, 박수남이라는 총독부 철도국 소속 노동자가 범인으로 체포되었다. 당시 그는 진관사의 마포 포교당에 머물고 있었는데, 일제는 관계자로 승려 70여 명을 구금·조사하였다. 이때 백초월도 함께 체포되어 〈치안유지법〉 위반으로 징역 2년 6개월을 선고받았고 1940년 5월 구금되어 1943년 4월 출소하였다.

그러나 출소 후 얼마 지나지 않아 또다시 독립운동 모금 사건으로 체포되어 1944년 6월 청주교도소에서 옥중 순국하였다. 순국 연유는 밝혀지지 않았지만 일제의 가혹한 고문과 그 후유증 때문으로 보인다. 그의 유해는 청주공동묘지에 묻혔는데, 6·25전쟁 때 없어졌다고 한다. 정부는 1986년 건국포장과 1990년 건국훈장 애국장을 추서하였다.

네 번째 이야기

체포와 재판, 그리고 수감과 순국

박경목 서대문형무소역사관 관장

답사코스

❶ 종로경찰서 터(현 장안빌딩)
독립운동가 탄압의 최전선

❷ 경성법원 터(현 SC제일은행 본점)
독립운동가 재판의 현장

❸ 서대문형무소역사관
고문과 순국의 현장

답사일시 : 2019년 4월 6일(土)
강사 : 박경목(서대문형무소역사관 관장)

삼청동
삼청공원
경기상업
고등학교
북악산
인왕산
창덕궁
국립민속박물관
가회동
무악동
배화여자대학교
경복궁
경복궁역
안국역
③ 서대문형무소역사관
사직동
광화문역
경성법원 터
(현 SC제일은행 본점) ②
① 종로경찰서 터
(현 장안빌딩)
교남동
종각역
덕수궁
서대문역
경기대학교
이화여자
고등학교
을지로입구역
소공동
시청역
명동
명동역
숭례문
충정로역
회현역
회현동
경기여자상업
고등학교
숭의여자대학교
백범광장공원
서울역
남산도서관
환일고등학교
공덕동
남산서울타워
배문고등학교
후암동
청파동
효창공원
숙명여자대학교
용산고등학교
남영동

폭탄이 작렬하다,
독립운동가 탄압의 최전선 종로경찰서

종각역에 도착했다. 주변을 둘러보는 사이 종로타워빌딩 앞을 오가는 시민들과 그 사이 한가롭게 시작 시간을 기다리는 참가자들의 다소 기대에 찬 눈빛들이 평온하다. 100년 전 오늘, 식민지 치하 삼엄한 일제 경찰의 단속에도 곳곳에서 만세를 외쳤던 그들과 대조적인 모습이 교차하면서 서울 3·1운동의 마지막 답사는 시작되었다.

현재의 종로타워빌딩 자리는 1931년에 세워진 옛 화신백화점이 있던 터다. 이곳은 조선시대 종각鐘閣을 중심으로 남북으로 뻗은 이 일대 거리가 '사람들이 구름처럼 많이 모인다' 하여 '운종가雲從街'라고 불린 것처럼 지금도 사람들의 왕래가 빈번하다.

종로타워빌딩에서 얼마 떨어지지 않은 종각역 8번 출구 바로 앞에 종로경찰서 터가 있다. 현재는 장안빌딩이 자리하고 있다. 장안빌딩이 들어서기 전에는 1898년 설립된 우리나라 최초의 전기 회사인 한성전기회사에서 1900년 건축한 사옥이 있었다. 바로 이곳이 독립운동가를 체포하여 취조한 독립운동가 탄압의 최전선 종로경찰서의 옛 자리이다.

종로타워 아래에 모여든 답사 참가자들

일제는 1915년 6월 1일 서울의 경찰 관할 권역을 변경하면서 기존 분서分署들을 통폐합했다. 황금정黃金町 분서는 남부경찰서에, 동대문 분서와 서대문 분서는 북부경찰서에 통합한 후 남부경찰서를 본정本町경찰서로, 북부경찰서를 종로경찰서로 변경했다. 탑골공원 옆에 있던 종로경찰서는 통폐합으로 관할 구역과 인원이 확대되자 1915년 8월 기존 한성전기회사 사옥을 리모델링하여 9월 1일부터 이곳에서 업무를 시작했다. 종로경찰서는 1929년 9월 근처 공평동 옛 경성지방법원 자리(현 SC제일은행 본점 위치)로 이전하기 전까지 이곳에서 서울 서북부지역의 각종 사건을 비롯해 독립운동가들에 대한 체포와 조사를 총괄했다.

종로경찰서는 독립운동 탄압으로 악명을 떨쳤다. 특히

'일제 악질 고문 형사'의 대명사로 불리던 미와 와사부로[三輪和三郎]가 수많은 독립운동가를 수단과 방법을 가리지 않고 취조했다. 일제강점기를 배경으로 하는 TV드라마에서도 그는 악역으로 빈번하게 등장한다. 실제로 종로경찰서에서 자행된 고문은 권오설, 강달영, 홍덕유 등이 1927년 경성지방법원에서 열린 제2차 조선공산당사건 공판과정에서 고문 사실을 법정에서 폭로할 정도로 심각했다. 얼마나 심했던지 식민지 치하임에도 불구하고 이들은 종로경찰서 미와 경부를 비롯하여 경부보 요시노 도조[吉野藤藏]와 김면규金冕圭, 순사부장 오모리 히데오[大森秀雄] 등 4명을 폭행능학독직죄暴行陵虐瀆職罪로 고소할 정도였다.

그러나 이 사건은 증거불충분으로 불기소 처분에 그쳤고, 미와는 오히려 그 '유능함'을 인정받아 1929년 11월 경기도 경찰부 고등경찰과에 배속되었다. 경기도 경찰부는 당시 서울·경기를 총괄하던 경찰 본부였고, 고등경찰과는 이른바 '사상범' 전담 부서였다. 즉 미와는 독립운동가 체포와 취조를 전담한 최일선 경찰 조직에 발탁되었던 것이다. 이후 미와는 1934년에는 충청남도 경찰부 고등과장, 1935년에는 경시로 승진하고 평안남도 경찰부 고등과장과 함경남도 원산경찰서 서장 등을 지내며 식민지 경찰관료로 승승장구했다.

한편 1919년 3·1운동 당시 서울 시내 곳곳에서 독립만세운동으로 체포된 참가자들도 바로 이곳 종로경찰서에서

종로경찰서(1929년 9월 이전)

종로경찰서(1929년 9월 이후)

思想方面の生字引
三輪サン忠南榮轉
冴えた腕に一層の期待
京畿道高等警察課の查察主任警部三輪和三郎氏は十六日附で忠南道警察部に轉出して忠南道警察部の高等課長に榮轉し來る二十二、三日頃退城赴任のはずである。［略歷］警察部高等係主任警部として在勤十年近く爆彈犯人義烈團の取調べを始め第一次朝鮮共產黨事件檢擧以

1934년 2월 17일자 《조선신문》에 보도된 미와 경부 기사

취조를 받고, 서대문감옥으로 이감되었다. 조선총독부 통계연보에 의하면 1919년 말의 서대문감옥 재감자는 3,075명으로 집계되는데, 이들 대다수가 종로경찰서를 거쳐 서대문감옥에 수감된 3·1운동 참가자였다.

1919년 3월 5일 서울역에 운집한 대규모 학생만세운동을 주도한 강기덕, 김원벽 등 학생지도부 70여 명도 이곳 종로경찰서에 체포되어 취조를 받고 서대문감옥에 수감되었다. 1919년 11월 28일 대한민국애국부인회 임원인 김마리아, 장선희, 김영순, 신의경 등도 종로경찰서로 연행됐다. 1920년 3월 1일 3·1운동 1주년 만세 투쟁을 전개한 배화여학교 여학생 이수희, 김경화 등 24명도 종로경찰서에서 취

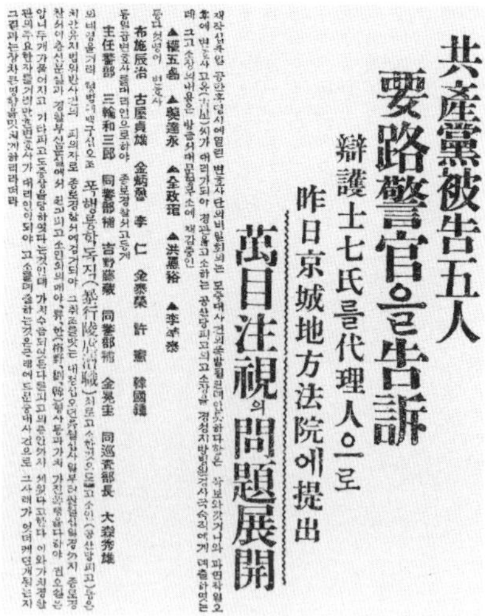
共產黨被告五人
要路警官을告訴
辯護士七氏를代理人으로
昨日京城地方法院에提出
萬目注視의問題展開

1927년 10월 17일자
《동아일보》에 보도된
미와 경부 고소 사건

조를 받았다. 이러한 상황은 일제강점기 내내 지속되어 종로 경찰서는 일제의 식민지 지배권력 유지를 위한 독립운동가 탄압의 최전선 역할을 담당했다.

이러한 종로경찰서에서 1923년 1월 12일 저녁 8시경 "꽝"하는 큰 굉음과 함께 경찰서 유리창이 산산조각이 나고 외벽 일부가 무너졌다. 폭탄이 종로경찰서 창틀을 맞고 앞마당에서 폭발한 것이다. 삽시간에 구경하는 인파가 몰려드는 가운데 폭탄을 투척한 '범인'은 사건 현장을 유유히 빠져나왔다. 당황한 총독부는 서울 시내에 비상령을 내리고 가용 병력을 총동원하여 곳곳에 경찰을 배치, '범인' 색출에 혈안이 되었다. 피습당한 종로경찰서에서는 미와를 대장으로 한

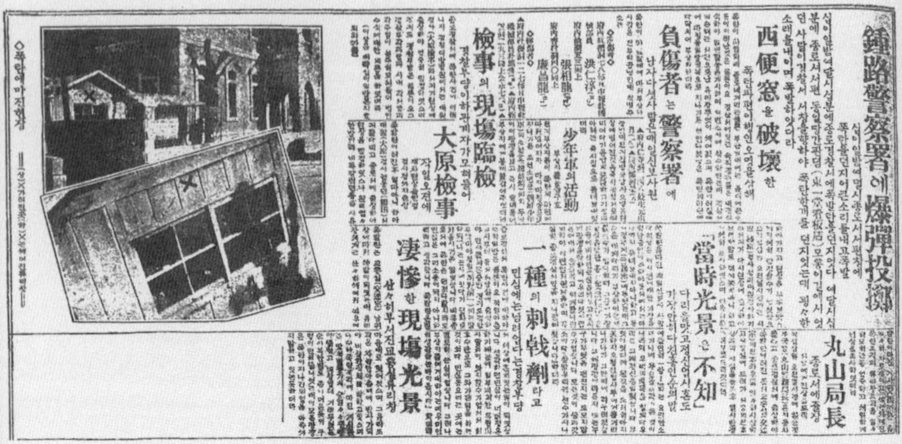
鍾路警察署에 爆彈投擲

西便窓을 破壞한

負傷者는 警察署에

「當時光景은 不知」

丸山局長

少年軍의 活動

檢事의 現場臨檢

大原檢事

一種의 刺戟劑라고

凄慘한 現場光景

1923년 1월 14일자 《동아일보》에 보도된 종로경찰서 폭탄 의거 신문 기사

특별수사대를 편성, 대대적인 검거 작전에 돌입하지만 폭탄을 투척한 '범인'은 오리무중이었다.

사건 발생 5일 후인 1월 17일 새벽 종로경찰서 미와를 비롯해 순사부장 다무라 죠시치[田村長七] 등 20여 명이 삼판통(현 후암동)에 은신해 있던 의열단원 김상옥金相玉을 검거하기 위해 출동했다. 종로경찰서에 폭탄을 작렬시켰던 의사義士가 바로 김상옥이었다.

김상옥은 평범한 집안 출신으로 어린 시절부터 대장간 일을 하며 집안의 생계를 책임져야 했다. 그러나 꿈을 포기하지 않고 동대문교회 야학과 어의동 공립보통학교, 경

김상옥

성기독교 부설 영어학교 등을 다니며 지식을 쌓아 나갔다. 그 결과 1912년 영덕철물상회를 설립하여 20대 초반에 자수성가한 경영인으로서 두각을 나타냈다. 그러면서도 민족의식에 철저하여 물산장려운동과 일본상품 배척운동에 앞장서면서 항일운동을 전개했다.

그는 1919년 3·1운동이 일어나자 적극적으로 참여하여 자신이 운영하는 공장의 직공 50여 명을 이끌고 만세운동에 합류하였다. 이를 계기로 독립운동을 위해 그해 4월 동대문교회 청년부 학생들과 항일결사단체 혁신단革新團을 결성하여 기관지이자 지하신문 《혁신공보》를 발행했다. 이것이 발각되어 1919년 10월 종로경찰서에 연행, 40여 일간 혹독한 취조를 받았다고 한다. 이후 본격적으로 독립운동에 투신하였다. 우선 그는 암살단에 가담하여 사격과 유격훈련을 통해 명사수로 거듭났다. 그리고 1920년 10월 중국 상하이로 망명하여 의열단에 가입, 1922년 겨울 의열단 단장 김원봉으로부터 폭탄과 권총을 입수하여 휴대하고 서울에 잠입하여 종로경찰서 투탄 의거를 단행하였다.

의거 후 김상옥은 삼판통에 있는 매형 고봉근의 집에 은신하던 중 정보를 탐지한 종로경찰서 경찰들과 총격전을 벌

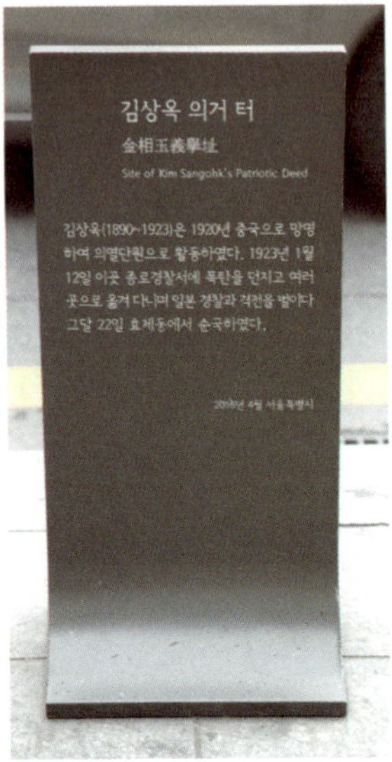

김상옥 의사 의거 터 표석

였다. 이때 순사부장 다무라를 처단하고 경찰 여러 명에게 중상을 입혔다. 그리고 김상옥은 검거망을 뚫고 은신처를 빠져나와 효제동 73번지의 이혜수 집에 은거했다.

그러나 며칠 후 정보가 누출되어 1월 22일 새벽 5시 30분경 경기도 경찰부장 우마노[馬野]를 총지휘관으로 한 수색대 수백여 명에게 3~4중의 포위망에 둘러싸였다. 김상옥은 끝까지 포기하지 않고 3시간 30분간 결사 항전을 벌여 구리다[栗田] 경부 등 10여 명의 일경을 살상했다. 격렬한 총격전 끝에 탄환이 모두 소진되자 마지막 남은 한 발의 총알을 자신을 향해 쏘아 자결, 결국 최후를 맞이했다.

이날 전대미문의 총격전의 주인공 김상옥에 대해 다음날 《동아일보》 1923년 1월 23일자에서는 경무국 발표를 인용해 다음과 같이 '최후까지 총을 쥐고 있었고 매우 대담하였음'을 보도했다.

銃殺의因으로銃殺의果를結한
癸亥劈頭의大事件眞相
主謀者金相玉이被殺된以後
連累者八名은被捉되야起訴
被殺者는金相玉
金相玉의指揮에依하야

1923년 3월 15일자 《동아일보》에 보도된 김상옥의 사망 기사

> 순사 총살범, 어제 새벽 효제동에서 수색대와 격투 후 피살 …(중략)… 세 곳에 총을 맞고도 죽은 후에도 총을 쥐고 있어 …(중략)… 범인과 경관대와 현장에서 격투한 광경에 대해 총독부 경무국에서는 아래와 같이 발표하였다. …(중략)… 범인은 최후까지 권총을 두 손에 쥐고 사망한 후에도 오른손 검지로 권총의 방아쇠를 걸고 권총을 힘 있게 쥐고 있었다고 말했다. 범인은 처음에는 발에 총을 맞았지만 신음소리도 내지 않았으며 총을 손에 쥐고 죽은 것을 보면 매우 대담한 사람이라고 말했다.

당시 등굣길에 이 총격전을 목격한 경신고등보통학교 학생 구본웅具本雄은 훗날 그날의 기억을 시화첩 《허둔기虛屯記》

구본웅의 《허둔기》 중 김상옥 추모시

(1948년) 속에 한 편의 그림과 함께 다음과 같은 시로 담아냈다.

아침 7시, 찬바람
섯달이 다가도 볼 수 없든 눈이
정월들자 나리니 눈바람 차갑든
중학시절 생각이 난다.
아침 7시 찬바람. 눈 사히 벌판,
새로진 외딴집 세 채를 에워싸고
두겹 세겹 느러슨 왜적의 경관들
우리의 의열 김상옥 의사를 노리네.
슬프다 우리의 김의사는 양손에
육혈포를 꽉 잡은채. 그만
아침 7시. 제비(金義士의 별명은 제비
라하여 불렀었음) 길을 떠낫더이다.
새봄되오니 제비시여 넋이라도 오소서.

독립운동가 탄압의 최전선 종로경찰서에 폭탄을 작렬시킨 김상옥의 최후는 그렇게 장렬하게 기억되었다. 그리고 그의 의거는 사람들이 구름처럼 많이 모이는 옛 운종가에 있는 장안빌딩 앞에 표석으로 남아 평화로운 어느 날 오후, 그날의 폭발음과 최후의 치열한 총격전을 전해주고 있다.

독립운동가 재판의 현장,
경성지방법원과 경성복심법원

김상옥에게 일격을 당한 종로경찰서는 1929년 9월 이전했다. 이전한 곳은 우리 일행이 출발했던 종로타워빌딩 남쪽 맞은편 SC제일은행 본점 자리이다. 이곳은 조선시대 특별사법기관이었던 의금부義禁府가 있던 곳이다. 의금부 터에서 동쪽 맞은편에는 전옥서典獄署(현 영풍문고 자리)가 자리했던 곳이다. 의금부는 조선시대 왕족의 범죄나 국사범, 반역죄 등 왕권의 확립과 유지를 해치는 일체의 사건을 처리하고, 옥사獄事를 관장했다. 전옥서는 조선시대 죄수를 관장하던 관서로 감옥의 기능을 했다. 이렇게 지금의 종각역 일대는 조선시대 사법기관들이 들어선 법조 거리였다. 그리고 대한제국기와 일제강점기에도 이 자리에 사법기관들이 들어섰다.

1895년 3월 〈재판소구성법〉에 의해 의금부 자리에 들어선 고등재판소가 상소재판을 총 관장했다. 이후 1899년

SC제일은행 빌딩 전경

5월 〈재판소구성법〉이 일부 개정됨에 따라 고등재판소를 대신해 평리원平理院이 들어서 1907년 12월까지 대한제국의 최고법원의 역할을 했다. 그러나 일제의 침략이 가속화되면서 1907년 12월 23일 평리원을 폐지하여 대심원大審院으로 개편하고, 의금부 터에 청사를 새로 지어 사용했다.

이때 재판소를 구區재판소, 지방재판소, 공소원控訴院, 대심원 3심 4계급제로 구성했다. 대심원은 3심을 관할하는 재판소이고, 공소원은 2심을 관할하는 복심재판소, 지방재판소는 지방에 설치한 1심 재판소, 구재판소는 지방재판소 관할 지청이었다. 조선시대 특별사법기관이던 의금부 터에 식

일제강점기 재판 광경

민지 침략 시기 대심원과 경성공소원, 경성지방재판소가 들어서게 된 것이다. 이후 1909년 7월 〈한국사법 및 감옥사무 위탁에 관한 각서〉에 의해 사법행정 사무 일체가 일본에 넘어갔고, 다음해 1909년 10월 28일 〈재판소구성법〉이 폐지되면서 대심원은 통감부 고등법원으로 변경되었다.

1910년 한일강제병합 직후 조선총독부 산하 고등법원으로 변경되고, 1911년 12월 현재의 서울시청 서소문 별관 자리로 이전했다. 그리고 이곳 의금부 터에는 1912년 12월 18일 기존 경성공소원과 경성지방재판소를 대체하여 경성복심법원과 경성지방법원이 설치되었다. 조선시대 특별사법기관이던 의금부 터가 일제의 침략과 강점을 당하면서 자주적인 사법 개혁을 이루지 못하고 식민 지배를 위한 부속 사법기관의 자리로 변했다. 그리고 이곳에서 독립운동가들은 '사상범'으로 탄압을 받았다. 경성복심법원과 경성지방법원은 1920년 7월 서소문으로 이전하고, 1928년 10월에는 서소문 37번지(현 서울시립미술관) 일대에 대규모 법원 청사를 신축하여 고등법원, 경성복심법원, 경성지방법원이 다시 그곳으로 이전했다.

1920년 7월 이전하기 전까지 공평동 경성지방법원과 경성복심법원은 3·1운동 시기에 서울 시내 만세운동 참여자들이 판결을 받은 곳이다. 이들 대부분은 종로경찰서에서 조사를 받고 서대문감옥에 미결수로 투옥되었다가 경성지

朝鮮獨立運動의 一大史劇

萬人의 注目할 第一幕이 開하다

庚申七月十二日午前九時十分부터

京城貞洞鐵道部下府特別法廷에서

被告는 朝鮮民族代表者四十八人

孫秉熙는 身病으로 因하야 缺席으로

開廷劈頭에 問題거든 公訴不受理

第一場은 宴會와 恰似

1920년 7월 13일자 《동아일보》에 보도된 민족대표 33인 재판 기사

방법원에서 판결 후 기결수로 다시 서대문감옥에 수감되거나 경성감옥으로 이감되었다.

1919년부터 1920년 사이 서대문감옥에 투옥되었던 사람 가운데 1,000명 가량의 수형기록카드가 남아 있어 판결기관과 언도 연월일을 확인할 수 있다. 이 가운데 경성지방법원과 경성복심법원에서 판결받은 사람은 719명으로 확인된다. 이 중 1920년 6월까지 이곳 공평동에서 판결받은 사람은 522명이다.

1919년 4월 1일 충남 천안 아우내 장터에서 만세운동을 주도하다가 공주감옥에 수감되었던 유관순은 공주지방법원에서 5년형을 언도받고 항소하여 서울 서대문감옥으로 이감되었다. 그리고 경성복심법원에서 1919년 7월 4일 최종 3년형을 언도받았다. 1919년 당시 덕수궁 파출소 직원으로 마포 공덕동에서 3·1운동에 참여한 정호석도 1920년 2월 27일 이른바 '〈보안법〉 위반'으로 경성복심법원에서 1년형을 언도받았다. 앞서 언급한 대한민국애국부인회 인사들도 1920년 6월 29일 경성지방법원 제1심 판결에서 김마리아는 징역 3년, 장선희는 2년, 김영순, 신의경은 1년을 언도받았다. 단 민족대표 33인은 1920년 8월부터 공판이 개시되어 10월 30일 최종 판결이 되었기 때문에 서소문으로 이전한 후 재판을 받았다.

이렇게 경성지방법원과 경성복심법원 자리는 3·1운동 시기에 독립운동가들이 재판을 받고 일제가 정해놓은 그들의 법률적 테두리에서 '사상범'의 굴레가 씌워지게 되는 곳이 되었다.

고문과 순국의 현장,
서대문형무소

독립운동가 체포와 재판의 현장이었던 종각역 일대를 뒤로하고 일행은 서대문형무소역사관으로 향했다. 각자 지하철로 이동하여 3호선 독립문역 5번 출구 앞에서 재집결했다. 지하철 3호선 독립문역 5번 출구 앞 서대문 현저동 일대는 우리나라 최초의 근대감옥으로 문을 열었던 서대문형무소가 위치했던 곳이다. 1998년 11월 서대문구에서는 서대문형무소 현장을 서대문형무소역사관으로 개관하였다. 그리고 일제에 맞서 싸운 독립운동가들과 광복 후 독재정권에 맞섰던 민주화운동가들을 기억하고 기념하는 자유와 평화의 공간으로 운영하고 있다.

일제에 의해 이식된 식민지 근대감옥의 탄생은 1908년 10월 일제에 의해 문을 연 경성감옥이다. 이후 서대문형무소로 개칭되는 이 감옥은 일제의 한국침략에 저항한 의병세력과 계몽운동세력을 일반 대중과 격리·감금하여 민족적

경성감옥(1908년)

서대문감옥(1920년대 초반)

서대문형무소(1930년대 초반)

서울구치소(1987년)

저항 의지를 꺾는 데 매우 유용하게 쓰였다. 이곳은 '한번 들어가면 살아 돌아오기 힘든 곳'으로 대중에게 인식되었다.

1908년 개소 당시 '경성감옥'으로 명명되던 서대문형무소는 1912년 서울 마포 공덕동(현 서부지방법원 자리)에 신식 감옥이 신축됨에 따라 그곳을 '경성감옥'으로 하고 기존의 시설은 '서대문감옥'으로 개칭되었다. 이후 일본 본국의 감옥제도 개편에 따라 1923년 '서대문형무소'로 이름이 바뀌었다. 광복 후에는 교정제도의 변화에 따라 1945년 '서울형무소', 1961년 '서울교도소', 1967년 '서울구치소'로 명칭이 바뀌고 1987년 서울구치소가 경기도 의왕시로 이전하면서 80여 년 감옥의 기능은 막을 내렸다. 시기마다 이름이 바뀌었기 때문에 일반적으로 서대문 현저동에 위치한 감옥을 '서대문형무소'로 통칭하고 있다.

서울구치소가 의왕시로 이전된 직후 서대문형무소는 옥사 일부와 사형장만 남긴 채 건물 대부분이 철거되고, 남아 있는 시설들은 1988년 사적 제324호로 지정되었다. 그리고 서대문구에서 1998년 11월 서대문형무소역사관으로 새롭게 문을 열었다.

서대문형무소역사관의 '웅장한' 정문을 통과하여 안으로 들어가면 가장 먼저 보이는 것은 서대문형무소를 총괄했던 보안과保安課 청사 건물이다. 보안과 청사는 1923년 지상 2층, 지하 1층의 규모로 지어졌다. 지상 1층은 사무공간, 2층

현재 전시관으로 쓰이는 보안과 청사

은 소장실과 회의공간, 지하 1층은 취조실로 이용되었다.

지하 취조실은 일제 검사의 조사를 위해 독립운동가들을 밖으로 이송시켜야 하는 번거로움을 없애기 위해 검사가 직접 서대문형무소로 출장을 와서 독립운동가를 취조한 공간이다. 취조 과정에서 상상하기 힘든 심한 고문이 자행되면서 수감자들 사이에는 이곳을 악명 높은 '지옥의 계호계戒護係'라고 불렀다.

현재 내부는 전시관으로 활용되어 1층 형무소역사실과

전시관 초입에서 설명하는 필자와 답사참가자들

영상실, 2층 민족저항실 I · II · III, 지하층 지하고문실로 구성되어 있다. 전시관에서는 서대문형무소의 변화 과정과 일제의 식민지 운용 실태를 볼 수 있으며, 서대문형무소에 수감되었던 주요 독립운동가 및 민주화운동가를 만날 수 있다.

전시관 초입에는 '자유와 평화를 향한 80년'이라는 글귀가 시선을 사로잡는다. 바로 서대문형무소역사관이 지향하는 가치를 잘 드러내고 있다. 서대문형무소가 감옥으로 운영되던 1908년부터 1987년까지 80여 년 동안 이곳에 수감되었던 독립운동가들과 민주화운동가들이 포기하지 않고 되찾으려 한 '자유'와 '평화', 그리고 그 염원과 가치를 알리고 소중함을 다시 한번 일깨워주는 문구이다.

전시관을 둘러보고 연결된 동선을 따라가다 보면 중앙

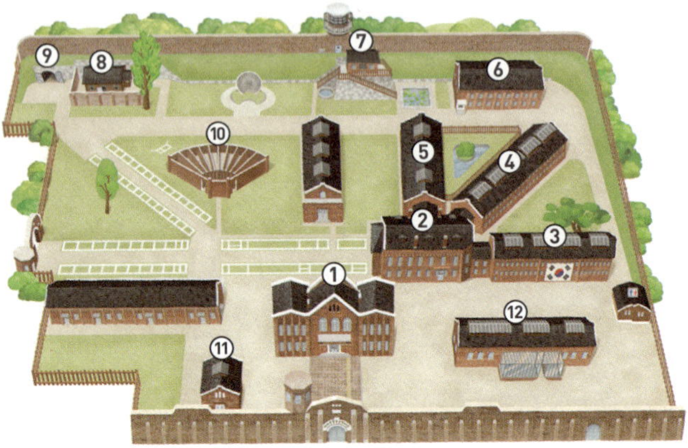

서대문형무소역사관 배치도

사中央舍가 나온다. 중앙사는 옥사와 연결된 중앙간수소中央看守所 공간으로 간수들이 수감자를 감시하고 통제하기 위해 사용했던 시설이다. 현재는 간수사무소의 모습을 재현하였고, 형무소 내에서 수감자들이 입고, 먹고, 자던 의·식·주를 전시하고 있다.

중앙사와 연결된 옥사獄舍는 제10·11·12옥사이다. 3개의 옥사는 중앙사를 중심으로 부채꼴 형태로 배치되어 중앙간수소에서 사방 전체를 감시할 수 있는 구조로 되어 있다. 이것이 18세기 영국의 공리주의자 제러미 벤담이 창안한

공작사 내부 복도

중앙사와 옥사

중앙사에서 본 제10옥사(1987년)

일제강점기 옥사 내부

'파놉티콘(Panopticon)' 구조이다. 이 통제와 감시 구조는 반反사회적 대중을 효율적으로 통제하기 위한 건축, 특히 감옥에 널리 이용되었다.

옥사 건물은 지난 80여 년간 독립운동가들과 민주화 운동가들이 실제 수감 생활을 한 생생한 역사의 현장이다. 제12옥사 내부에는 일종의 징벌방인 독방 3개가 있는데 빛이 한 줄도 들어가지 않아 먹처럼 캄캄하다고 하여 일명 '먹방'이라고 불렸다.

중앙사와 제12옥사, 제11옥사를 거쳐 나오면 공작사工作舍가 보인다. 일제는 군부대나 관공서, 형무소 등지에서 필요한 관용 물품을 최소의 비용으로 최대한 확보하기 위해 감옥 수감자들의 노동력을 이용했다. 우리가 수감생활을 흔히 '징역살이'라고 하는데, 이는 처벌의 의미인 '징懲'과 노역을 뜻하는 '역役'을 결합한 단어이다. 공작사는 바로 수감자들이 노역에 동원되던 공장이었다.

서대문형무소에서의 노역은 직물과 의복 생산이 주를 이루었다. 수감자의 동작을 제한한 〈재소자동작시한표在所者動作時限表〉에 의하면 그들은 일조량에 따라 하루 10시간 이상의 고된 노역에 시달렸다. 휴식시간은 오전·오후 단 2차례 30분만 주어질 뿐이고 그나마 일조량이 짧은 겨울에는 일절 없었다.

그러나 노역에 동원되던 수감자들은 형편이 나은 편이

벽면에 전시된 수형기록카드

사형장

사형장 입구 앞의
미루나무

었다. 격리가 필요하거나 다른 수감자들과 섞이면 선동이 우려되는 이른바 '사상범'인 독립운동가들은 일제강점 초기 대부분 노역에서 제외되어 종일 비좁고 비위생적인 감방 안에서 지내야 했다.

공작사를 뒤로하고 사형수가 마지막을 향해 걸어갔던 길에 접어들었다. 사형장을 향하던 그들의 심정은 어떠했을까? 사형장 입구 앞에 우뚝 선 '통곡의 미루나무'에 그 심정이 겹겹이 묻어 나오는 듯하다.

사형장은 1916년 전후에 지어진 것으로 추정되며, 지상 1층과 지하 1층의 목조건물로 현재 원형 그대로 보존되어 있다. 지상 1층은 사형을 집행하던 공간이고, 지하 1층은 시신을 수습한 공간이다. 일제강점기와 해방 후 얼마나 많은 인원이 이곳에서 형장의 이슬로 사라져 갔는지 정확한 통계는 없으나 서울역 앞에서 사이토 마코토 총독에게 폭탄을 날린 강우규 의사를 비롯한 수많은 독립운동가의 절절함이 곳곳에 배어 있는 듯하다.

이곳 서대문형무소는 해방 후에도 독재정권과 군사정권에 맞서 자유를 쟁취하기 위해 투쟁했던 인사들이 희생당한 현장이기도 하다. 특히 '인혁당 사건'으로 불리는 1975년 4월 9일의 '사법살인'은 사형 판결 18시간 만에 8인의 희생자와 함께 이 땅의 사법이 어둠 속에 갇혔던 대표적인 사건이다. 다행히 그 후 수많은 민주화운동가들의 투쟁과 희생으로 민주주의를 쟁취하고 인민혁명당人民革命黨 재건위원회 사건은 최근 복권되었다. 이렇게 굴곡진 우리 근현대사의 아픔을 저 사형장과 통곡의 미루나무는 기억하고 있을 것이다.

3·1운동 이후 서대문형무소의 증축과 확장

일제는 1910년 강제병합 후 수감자 증가에 대비해 일찍부터 감옥 확장을 계획했다. 1915년《조선총독부시정연보》제25절 '감옥'조에 의하면, "그간 긴급히 필요한 시설 위주로 임시방편으로 진행되던 감옥 개축의 방향을 수감 인원을 늘릴 수 있는 장기적인 건축 계획"으로 전환했다. 그 시작을 서대문감옥과 해주감옥·함흥감옥부터 착수했으며, 감옥 건축은 "재감인在監人을 사역使役"시켜 수감자의 노동력을 착취하여 이루어졌다.

감옥 개축은 조선총독부 법무국에 의해 계획되었다. 서대문형무소는 이때부터 1908년 지어진 기존 목조 건축 대신 붉은 벽돌의 신식 건물로 대체되었다. 이 계획은 1913년 사법부장관 고쿠분 산가이[國分三亥]가 취임하면서 구상되었다. 그는 1908년 한국에 들어와 고등법원 검사장을 지내다가 장관에 올랐다. 일본인 검사의 한국인 판결에 대한 징역형 구형이 강화되면서 한국인 수감자 증가를 이미 예견했던 자다.

이 계획에 의해 서대문감옥 옥사 확장 공사가 한창 진행되던 중 1919년 3·1운동이 일어난다. 한국인들의 평화적인 시위에 일제는 폭압적으로 대응했고, 수감 인원이 큰 폭으로 증가했다. 이에 1918년 전국 수감자 1만 1,778명 대비 1919년에는 1만 5,176명으로 3,398명(28.9%) 증가했다. 전국의 감옥 수용 능력은 이미 포화 상태를 넘었다. 1919년 전국 감옥 수용 면적은 총 2,900평인데, 1919년 말의 수감 인원을 대비하면 1평에 평균 5.2명 이상 수용하였다.

이때 서대문감옥의 수용 밀도도 매우 높았다. 1919년 12월 3,075명이 수용되어 서대문형무소 운영 기간 중 가장 많은 인원이 수감되었다. 1918년에 1,856명이 수용된 것에 비해 1,219명(65.7%)이나 증가했다. 개소 초기 수용 기준 인원 500명의 6배를 초과하는 인원이었다. 당시 서대문감옥은 수용 인원을 과다로 초과하여 감당할 수 없는 상황이었다. 이때 서대문감옥 소장직을 맡고 있던 가키하라 다쿠로[柿原琢郎]의 회고를 보면 다음과 같다.

> 독립만세 소요 사건은 경성에서 발생해서 불길 같은 세력으로 전선全鮮에 퍼져 검거당한 인원은 대단한 수에 달하고, 각 감옥은 모두가 일시에 입감자가 증가하여 어느 곳이나 그 대비에 고심했습니다.

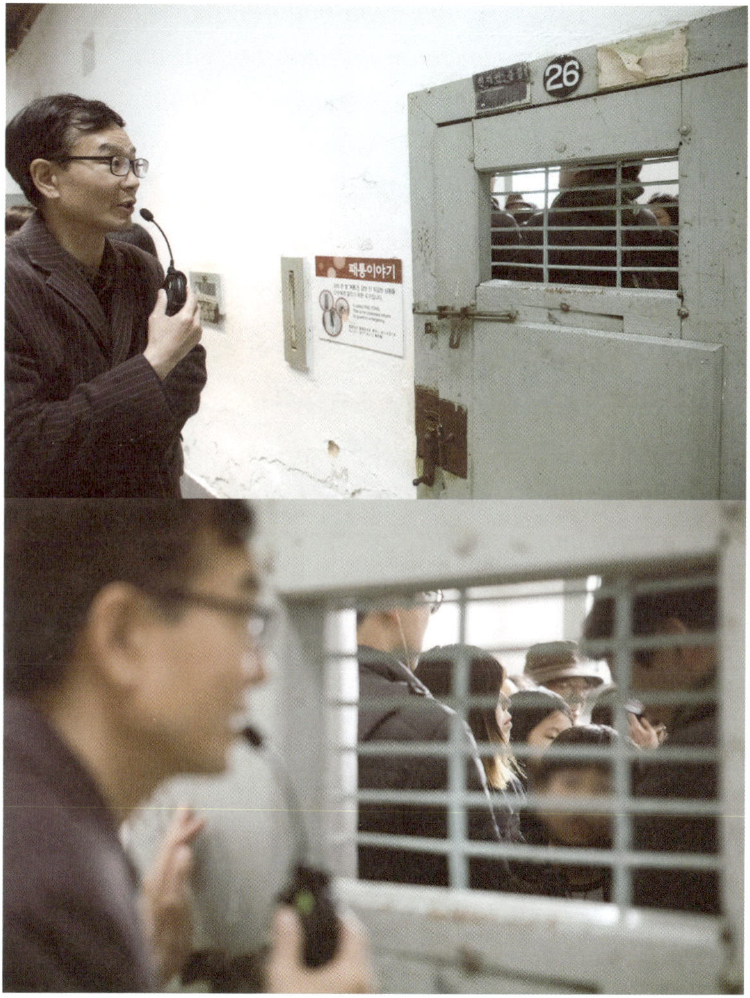

옥사 안에 들어가 본 답사 참가자들과 옥사 내부를 설명하는 필자

> 그중에서도 서대문감옥은 그 사건의 간부인 천도교주 손병희 외 30여 명을 비롯하여 많은 연루자를 수용하여 재감자가 3,000에 이르러 드디어 교회당과 공장에도 철조망을 둘러 감방으로 대용하는 궁책을 취했습니다. 그런데 재감자 중에는 큰소리로 독립운동을 외치는 자가 있는가 하면, 이에 동조하는 자가 있어 그 소란은 도저히 비할 바 없는 상태였고, 게다가 감옥 전방과 배후의 높은 곳에 독립운동원이 기어 올라와 낮에는 태극기를 휘두르고 밤에는 봉화를 올리므로 재감자들을 선동하여 매일 매야 계속되었습니다.
> 당시 개축 공사 중이어서 삼면의 벽돌담은 겨우 완성되어 있었으나, 한쪽은 취약한 종전대로의 양철로 만든 담장이어서 파옥을 실행한다는 것은 극히 용이해서 실로 유인의 포기의 상태였습니다.

수감자의 폭증으로 서대문감옥 옥사 외에 기타의 모든 부속 시설을 수감자를 수용하는 데 사용하기 급급했다. 심지어 수감자들이 서대문감옥을 파괴하고 탈출을 감행한다고 해도 막을 엄두조차 내지 못할 정도로 매우 '심각한 상황'이었다.

큰 폭의 수감자 증가와 달리 전국 감옥의 증설은 같은 기간 2배를 넘지 못했다. 따라서 감옥의 수용 밀도는 언제나 기준을 초과했고, 실제 운영에 있어서 1평에 8~9명이 수감되는 것이 다반사였다. 이에 일제는 임시 확장 공사를 진

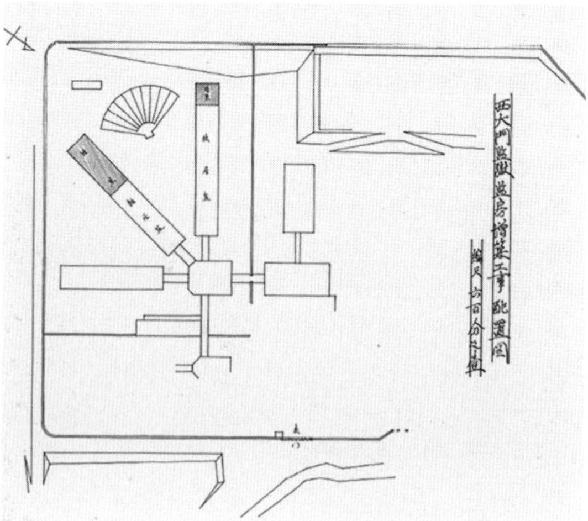

서대문감옥 감방 증축공사 배치도

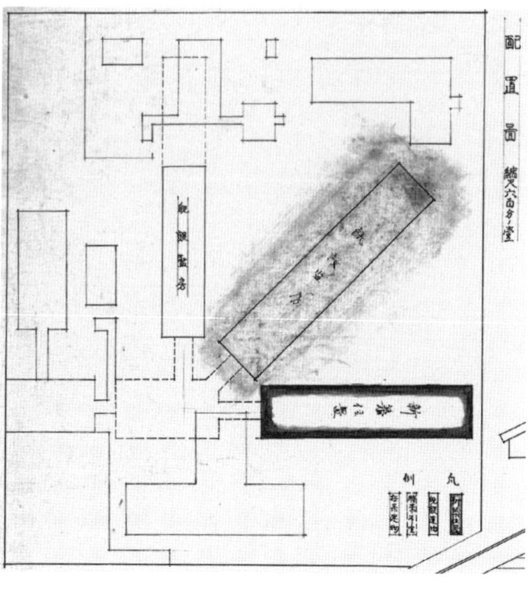

서대문감옥 감방 신축공사 설계도 중 배치도

행하고, 예산 250만 원을 투입했다. 운영 예산 또한 1919년 이후 매년 80만 원 이상을 투입하는 한편, 관리 인력도 대폭 증대하기로 결정하였다.

1915년부터 시작된 서대문감옥의 확장과 1919년 좀 더 확대된 계획은 당시 도면을 통해 확인할 수 있다. 〈서대문감옥 감방 증축공사 배치도〉를 보면 왼쪽 방사형으로 배치된 건물이 1915년 증축 계획에 의해 완공된 미결수 수용 옥사이다. 완공 시기는 배치도의 제작 시점으로 보아 1919년 12월 이전이었다. 그런데 옥사 건물 2개동의 끝부분에 빗금으로 처리된 부분이 발견된다. 이는 1915년의 미결감未決監 신축 계획으로도 수용 공간이 부족하자 이미 완공된 미결감의 길이를 증축하려는 계획이었다. 3·1운동으로 급증하는 항일운동가를 수용하기 위한 대책 중 하나였다.

〈서대문감옥 감방 신축공사 설계도 중 배치도〉는 1919년 이후 옥사의 신축 상황을 보여준다. 가운데 하단 실선으로 그려진 '凸' 모양의 초기 건물 위쪽에 점선으로 그려진 것이 신축 예정인 중앙간수소이며, 이를 중심으로 오른쪽으로 뻗은 3개의 건물 중 왼쪽부터 첫 번째(제10옥사), 두 번째(제11옥사)는 이미 완공되었던 기결감旣決監이고, 세 번째(제12옥사)는 건축 중인 기결감이다. 이 도면의 제작 시점이 1922년이므로 1919년 이후부터 1922년 사이 최소 3개 동 이상의 옥사가 신축되었음을 알 수 있다.

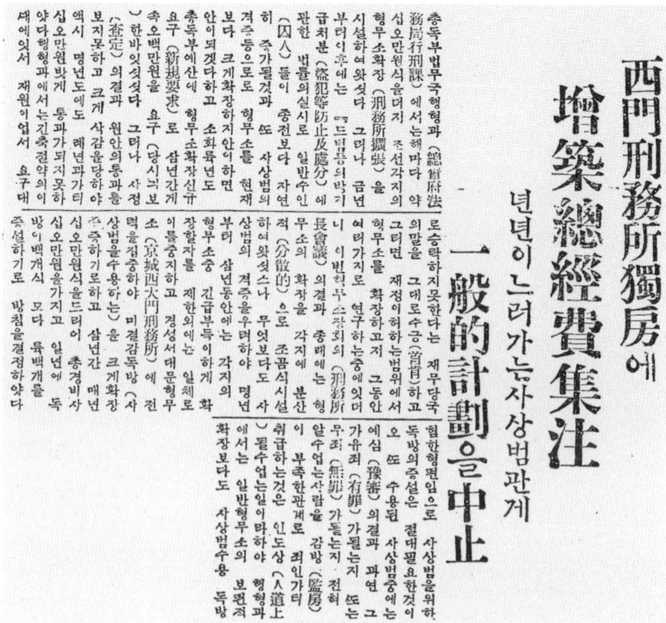

西門刑務所獨房에 增築總經費集注

년년이 느러가는사상범관계

一般的計劃을中止

총독부법무국형과(總督府法務局行刑課)에서는해마다 약십오만원식을더지 조선각지의형무소확장(刑務所擴張)을시설하여왓섯다 그러나 금년부터이후에는 [illegible]범등의박기급처분(盜犯等防止及處分)에관한 법률의실시로 일반수인(囚人)들이 종전보다 자연히 증가될것과 또 사상범의격증등으로로 형무소를 현재보다 크게확장하지안이하면안이되겟다하고 소화육년도총독부예산에 형무소확장신규요구(新規要求)로 삼년간게속오백만원을 요구(당시의보도)한바잇섯다 그러나 사정(査定)의결과 원안의통과를보지못하고 크게 삭감을당하야액시 명년도에도 례년과가티십오만원밧게 통과가되지못하얏다 행형과에서는긴축절약의이때에잇서 재원이업서 요구대로승락하지못한다는 재무당국의말을 그대로수긍(首肯)하고그러면 재정이허하는범위에서형무소를 확장하고저 그동안여러가지로 연구하는중에잇더니 이번형무소장회의(刑務所長會議)의결과 종래에는 형무소의 확장을 각지에 분산적(分散的)으로 조곰식시설하여왓섯스나 무엇보다도 사상범의 격증을우려하야 명년부터 삼년동안에는 각지의형무소중 긴급부득이하게 확장할자를 제한외에는 일체로이를중지하고 경성서대문형무소(京城西大門刑務所)에 전력을집중하야 미결감독방(사상범을수용하는)을 크게확장[illegible]중하기로하고 삼년간 매년십오만원식을드리어 총경비사십오만원을가지고 일년에 독방이백개식 모다 육백개를즉설하기로 방침을결정하얏다

협한형편임으로 사상범을위하독방의증설은 절대필요한것이오 또 수용된 사상범중에는예심(豫審)의결과 파연 그가유죄(有罪)가될는지 또는무죄(無罪)가될는지 전혀알수업는사람을 감방(監房)이 부족한관계로 죄인가티취급하는것은 인도상(人道上)될수업는일이라하야 행형과에서는 일반형무소의 보편적확장보다도 사상범수용 독방

1930년 11월 9일자 《매일신보》에 보도된 서대문형무소 확장 기사

그러나 이러한 감옥의 확장에도 이른바 '사상범'에 대한 감시와 통제의 기능은 제 역할을 다 하지 못했던 것 같다. 전국적으로 증가하는 독립운동가를 모두 수용하기에는 감옥시설이 부족해서 독립운동가와 일반 범죄자들이 섞여 수감되는 경우가 많았다. 독립운동가들이 한 방에 수감되거나 혹은 야외 운동이나 기타 집단교육시에 회합하여 출감 후의 활동을 도모하는 등 감옥이 오히려 독립운동의 전파와 계획, 동지의 단결을 촉발하는 장소가 되기도 하였다.

일제는 "조선인 사상범의 검거·처리에 일층 기민을 도모하기 위해" 1931년 10월 서대문형무소 동남쪽 부지에 연건평 1,320여 평(약 4,400㎡), 2층 규모의 "전조선에서 처음 생기는 대감옥" 건축을 기공했다. 일반 범죄자들에게까지 독립운동의 영향이 미치게 될 것을 우려하여 "보통 죄수의 사상이 사상범의 사상에 감염되는 사실을 인정하고 사상범을 격리해 복역시키는 것을 원칙으로 형무행정을 하기로 결정"한 것이다.

1935년 6월 완공된 이 옥사는 전체 10여 개 동으로 구성된 콘크리트 건물로 '구치감拘置監'으로 불렸다. 총 283개의 감방에 수용인원 600여 명 규모였다. '사상범' 격리수용 원칙에 맞게 총 283개의 감방 가운데 242개, 85.5%가 독방으로 구성되었다. 이 중 제4동의 72개 독감방은 '개전의 빛이 전혀 없다고 판단되는 중대 사상범'이 수감되던 특별동이었다.

구치감 건물의 완공으로 서대문형무소는 청사 2개 동, 기결수 수감 옥사 8개 동(남 7, 여1), 미결수 수감 구치감 6개 동(남), 미결수 수감 옥사 1개 동(여), 한센병 환자 격리수용 옥사 1개 동, 공장 14개 동(남12, 여2), 취사장 2개 동, 창고 6개 동(남5, 여1), 병사 4개 동, 사형장 1개 동, 격벽장 2개 동(운동장), 외곽 망루 6개 동 외 기타 부속시설 등 총 50여 개 동의 건물이 들어선 전국 최대 규모의 식민지 감옥으로 운영되었다.

3·1운동 당시
누가 수감되었는가

1919년 12월 말 기준으로 서대문감옥 수감자는 3,075명이었다. 이 가운데 수형기록카드가 남아 있어 자료로 확인할 수 있는 인물은 1,000여 명이다. 이들을 통해 3·1운동 참여자의 수감 당시 나이와 출신지역, 직업과 신분, 죄명과 형량을 살펴볼 수 있다.

우선 나이를 확인할 수 있는 수감자는 985명이다. 이 가운데 가장 어린 나이는 15세로 7명이 확인된다. 1904년생으로 1919년에 수감된 임갑득과 김동석, 손흥복이 있다. 1905년생으로는 1920년 수감된 왕종순, 김성재, 소은명, 오용진이 있다. 최고령은 1850년생인 차제남으로 황해도 수안에서 1919년 3월 3일 전개된 독립만세운동에 참여하여 체포되었다.

3·1운동으로 서대문감옥에 수감된 사람의 연령대는 20대가 39.3%로 가장 높은 비중을 차지한다. 사회변혁의 주

임갑득

차제남

체세력으로 20대가 등장한 것이다. 다음으로 30대, 40대, 10대, 50대, 60대의 순이다. 1919년 3·1운동에 전 연령대가 참여한 사실을 확인할 수 있다.

수감자의 출신 지역은 본적지를 기준으로 서울·경기 일원의 수감자가 361명, 37%로 가장 많았다. 그 다음으로 경상북도, 강원도, 황해도, 평안남도, 함경북도의 순이다. 수감자의 지역적 분포는 3·1운동이 전국 각지에서 일어났음을 보여준다. 특히 면 단위 지역을 기반으로 지역적 유대 관계가 주요한 요인으로 작용했다. 지역에 기반을 둔 혈연, 지연, 학연이 그것이다. 서대문감옥에 수감되었던 3·1운동 수감자 사이의 관계에서도 이러한 점이 발견된다.

그중 혈연이 3·1운동을 이끈 요소 중 하나로 보인다. 가족 단위의 관계가 3·1운동 참여의 매개로 작동했음을 다음의 몇몇 사례를 통해 확인할 수 있다.

이들은 주로 형제관계나 친척관계이다. 형제관계는 본적, 출생지, 주소가 일치하고 생년의 차이가 있으며, 돌림자를 쓰고 있어 파악할 수 있다. 또한 부부관계도 보인다. 구체

3·1운동 수감자 연령대

구분	10대	20대	30대	40대	50대	60대	합계
인원수	126명	387명	224명	149명	72명	27명	985명
비 율	12.8%	39.3%	22.7%	15.1%	7.3%	2.7%	100%

수감자 출신 지역

지역	서울 (경성)	경기	강원도	충청 북도	충청 남도	전라 북도	전라 남도	합계
인원	88명	273명	96명	14명	30명	19명	18명	
비율	9.0%	28.0%	9.8%	1.4%	3.1%	1.9%	1.8%	
지역	경상 북도	경상 남도	황해도	평안 남도	평안 북도	함경 남도	함경 북도	976명 100%
인원	122명	28명	95명	64명	30명	49명	50명	
비율	12.5%	2.9%	9.7%	6.6%	3.1%	5.0%	5.1%	

적 활동상을 파악할 수 있는 인물 가운데 형제관계로 장호면과 장흥도 형제는 천도교인으로 1919년 4월 강원도 양구군 읍내 만세운동에 참여했다. 차봉철과 차봉안 형제 중 차봉철은 고종의 국장에 참석했을 때 서울에서의 만세 시위를 목격했다. 그는 고향인 강원도 홍천군 신장대리로 귀향해 동생 차봉안과 함께 4월 1일 만세운동을 전개했다.

정성교와 정흥교 형제는 3월 15일 경기도 가평군에서 만세운동을 전개했다. 정흥교는 만세운동 참여를 독려하는 격문을 소지하고 인근 적목리, 단녕리, 과대리, 백비리 일대를 돌며 주민을 모아 형 정성교와 함께 만세운동을 전개했다. 박승만과 박승각 형제는 서울에서 만세운동에 참여한 후

3·1운동 수감자 중 혈연관계 사례

이름 (출생년)	본적지	출소 연월일	형량	죄명	관계
김공로(1897) 김공우(1902)	경성부 중림동 52	1919.07.30 1921.03.02	6월 1년 6월	보안법 위반	형제
정성교(1894) 정흥교(1900)	경기도 가평군 북면 목동리 579	1920.06.24 1920.09.24	6월 2년	보안법 위반	형제
박승만(1896) 박승각(1897)	경기도 김포군 양촌면 누산리 619	1919.04.28	1년	보안법 위반	형제
홍종욱(1893) 홍종엽(1899)	경기도 용인군 포곡면 금어리 580	1920.04.28	10월	보안법 위반	형제
김문유(1894) 김복동(1889)	경기도 연천군 백학면 두일리 364	1919.09.16 1919.09.18	1년 1년 6월	소요 및 보안법 위반	형제
소은숙(1903) 소은명(1905)	경기도 연천군 군내면 남계리 102 경기도 연천군 군내면 남계리 109	1920.04.05	6월 (집행유예 2년)	보안법 위반	자매
염규호(1880) 임명애(1886)	경기도 파주군 와석면 교하리 578	1920.09.25 1920.04.28	1년 6월 8월	보안법 위반 출판법 위반	부부
안희경(1902) 안옥자(1902)	경기도 포천군 소흘면 이동교리 140 경기도 포천군 소흘면 이동교리 203	1920.04.05	6월 (집행유예 2년)	보안법 위반	친척
장호면(1868) 장흥도(1874)	강원도 양구군 동면 팔랑 546	1920.04.05	8월	보안법 위반	형제
차봉철(1897) 차봉안(1900)	강원도 홍천군 홍천면 신장대리 52	1920.07.01 1920.04.02	6월 1년 6월	보안법 위반	형제
유중무(1875) 유관순(1902)	충남 천안군 동면 용두리 418 충남 천안군 동면 용두리	1921.01.02 1921.03.10	3년	보안법 위반 및 소요	친척
김병제(1894) 김병건(1895)	평남 안주군 안주읍 남천리 10	1920.04.26	1년 6월	보안법 위반	형제

귀향하여 마을 사람들에게 이 사실을 전파하면서 3월 23일 경기도 김포 양촌면 양곡장터에서 만세운동을 전개했다. 김병제와 김병건 형제는 기독교인으로 3월 1일 김찬성 목사의 시위 계획에 동참하여 〈독립선언서〉를 군중들에게 나누어 주면서 만세 시위를 펼치다가 체포되었다.

친척관계로는 유중무와 유관순을 들 수 있다. 그들은 삼촌과 조카 사이로 4월 1일 천안 아우내 만세 시위를 주도했다. 친척인 안희경과 안옥자 그리고 자매인 소은숙과 소은명은 1920년 3월 1일 배화여학교에서 열린 3·1운동 1주년 만세운동에 참여했다. 부부관계인 임명애와 염규호도 구세군으로서 파주군 와석면 일대 주민들에게 격문을 배포하고 1919년 3월 26일 만세운동을 주도한 이들이었다.

위 인사들은 각 지역에서 3·1운동 계획 단계부터 실행까지 적극적으로 만세운동을 주도했다. 혈연이라는 유기적 관계가 비밀 보장, 추진 동력, 연대감에 있어 매우 유리한 조건을 제공한 것이다.

다음으로 지역적 관계가 3·1운동의 급속한 전파를 가능케 했다. 지역인사 중 일부가 서울에서 3·1운동을 경험하거나 목격한 후 귀향하여 해당 지역 사람들에게 그 사실을 전파하면서 3·1운동을 계획, 전개하는 양상이 보편적이었다. 3·1운동이 단시간에 전국 각지로 퍼져 나갈 수 있었던 원인 중 하나가 지역적 관계였다.

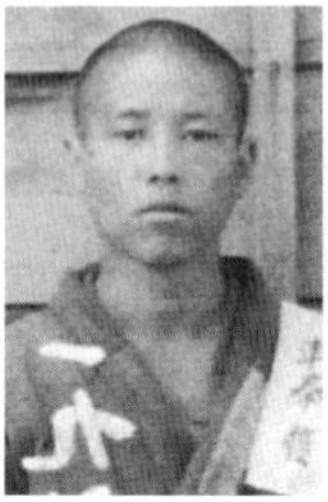
차봉철

차봉안

소은숙

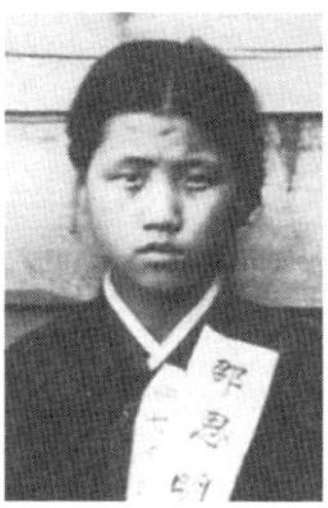
소은명

임명애

염규호

노순경

김순호

이신도

마지막으로 학연에 의한 3·1운동 사례가 보인다. 세브란스병원 의학전문학교 간호사 노순경, 김순호(이명 김효순), 이도신(이명 이신도)은 학교에서 알게 되어 함께 만세 시위에 참여했다. 이들의 수형기록카드 기록에 의하면 거주지는 '경성 남대문정 (세브란스병원) 의학전문학교 부속 간호부 양성소 기숙사'로 기재되어 있다. 그들은 1919년 12월 2일 종로구 훈정동 종묘 앞에서 만세 시위에 참여했다. 이를 위해 태극기 깃발 1기와 붉은 글씨로 '조선독립만세'라고 쓴 깃발 1기, 총 2개의 기旗를 만들어 오후 7시경 종묘 앞으로 향했다. 그곳에서 20여 명의 군중과 함께 독립만세를 외쳤다. 노순경은 태극기를 들고 김순호는 기를 휘두르며 군중들을 독려하면서 만세운동을 전개했다. 이 일로 3명은 일제 경찰에 체포되어 1919년 12월 18일 경성지방법원에서 6개월 형을 언도받았다. 죄명은 〈보안법〉 위반이었다.

학교 단위의 만세운동은 서울 배화여학교에서도 있었다. 1920년 3월 1일 일제의 삼엄한 경계 속에서도 배화여고에서 재학생을 중심으로 3·1운동 1주년 만세운동이 일어났다. 이 학교 학생들은 1920년 3월 1일 오전 재학생 20여 명과 함께 학교 기숙사 뒤편 언덕에서 만세 시위를 전개하고 운동장으로 내려와 독립만세를 외쳤다. 이 일이 일제 경찰에 탐지되어 참여자 24명이 체포, 서대문감옥에 수감되었다. 참여자는 다음과 같다.

김경화, 김마리아, 김성재, 김의순, 문상옥, 박경자, 박신삼, 박양순, 박하경, 성혜자, 소은명, 소은숙, 손영선, 안옥자, 안희경, 왕종순, 윤경옥, 이남규, 이수희, 이신천, 이용녀, 지은원, 최란씨崔蘭氏, 한수자

이들은 소위 〈보안법〉 제7조, 〈조선형사령〉 제42조에 해당하는 〈보안법〉 위반범으로 기소되었다. 1920년 4월 5일 경성지방법원에서 주동자인 이수희와 김경화는 징역 1년에 집행유예 3년, 나머지 22명은 징역 6개월에 집행유예 2년을 언도받았다. 일제강점기 식민지 조선은 15~16세밖에 되지 않는 어린 여학생들의 교내 만세 시위까지 1년 또는 6개월의 실형이 선고될 만큼 엄혹하던 사회였다.

일제는 수형기록카드 기재 항목 중 '신분'란에 양반과 평민을 구분하여 기록했다. 신분이 기록된 사람 766명 중, 일제가 인식한 3·1운동 수감자 신분 분포는 평민 653명(85%), 양반 113명(15%)이었다. 그러나 1919년 전후 신분의 의미는 실생활 및 직업과는 무관했다. 양반의 직업 중 교사와 학생도 있지만 농업의 비율도 높았다. 또 양반 중 일부는 순사보, 승려, 인쇄직공, 잡화상, 점원 등도 있어 신분과 직업이 무관했음을 보여준다.

수감자의 직업도 매우 다양하다. 수형기록카드 기재 항목 가운데 직업란을 통해 총 80여 종의 직업을 볼 수 있다.

이인정

정호석

간호부, 인쇄원, 점원, 고용인雇傭人, 고물상, 사무원, 잡화상, 기독교 목사 및 전도사, 천도교 도사, 임제종 불교 승려 등 777명의 직업이 구체적으로 기록되었다.

당시 직종이 제한된 사회 구조임에도 다양한 직업을 가진 사람들이 3·1운동에 참여했음을 보여준다. 그 가운데 54.4%가 농업이었고 다음으로 학생(13.9%), 종교인(6.6%), 교사(5.9%), 상인(5.3%)의 순이다.

특기할 만한 것은 면사무소 면장과 직원, 구장區長 등 일제 식민지의 말단 행정기관 직원들도 3·1운동에 주도적으로 참여한 것이다. 충남 서산군 대호지면(현 당진시 대호지면) 면장 이인정은 지역민 1,000여 명을 조직적으로 동원하여 시위대를 이끌었다. 이 때문에 징역 1년형을 받고 서대문감옥에 수감되었다. 경상북도 안동군 예안면장(현 안동시 예안면) 신상면도 예안면 만세 시위를 주도하다가 수감되었다.

일제 경찰에 재직하던 사람도 3·1운동에 참여했다. 앞서 언급한 정호석의 경우로, 그는 1920년 2월 27일 경성복심법원에서 〈보안법〉 위반으로 1년 형을 언도받고 1920년 5월 29일 만기 출옥했다. 그의 직업은 일제 경찰인 순사보巡査補였다. 덕수궁파출소에서 근무하던 그는 1919년 3월 5일 자신의 집에서 왼손 약지 손가락을 깨물어 피로 태극기를 그렸다. 이것을 대나무 봉에 매달고 지금의 서울 마포구 대흥동에 위치했던 흥영학교興英學校에 들어가 학생들에게 시위에 동참할 것을 촉구했다. 그리고 20여 명의 학생을 이끌고 마포 공덕동까지 진출하여 만세운동을 전개했다. 일제 식민지 경찰이던 정호석의 3·1운동 참여는 조선총독부에 고용된 한국인들도 3·1운동에 참여했다는 사실을 보여준다. 이 밖에 집배원, 공장근로자, 마차꾼, 제조업자, 숙박업자, 대금업자 등 다양한 직군의 참여는 3·1운동이 한민족의 계급과 계층을 초월한 운동이었음을 증명한다.

이렇게 3·1운동으로 수감된 사람들은 어떤 죄명이었을까? 이들은 〈보안법〉 위반이나 〈출반법〉 위반, 소요, 〈정치에 관한 범죄 처벌의 건〉 위반 등이 적용되어 '사상범'으로 취급받았다. 일제는 3·1운동을 식민지 통치체제 근간을 흔드는 정치적 변혁 운동으로 인식했기 때문에 사상범으로 처벌한 것이다.

이러한 죄명뿐만 아니라 강도, 기물손괴, 〈전신법〉 위반, 업무방해, 공무집행 방해, 가택침입, 건물손괴 등이 부가되기도 하였다. 일제의 탄압이 자행되면서 지역에 따라 시위

죄명별 수감 인원

죄명		인원(명)
주 죄명	부가 죄명	
〈보안법〉 위반	소요 19명 〈출판법〉 위반 70명 〈전신법〉 위반 5명 공무집행방해 3명 강도, 공갈, 상해, 기물손괴, 협박, 훼기 등	939
소요	〈보안법〉 위반 29명 주거침입, 건물손괴 등	39
〈출반법〉 위반	〈보안법〉 위반 10명 〈정치에 관한 범죄 처벌의 건〉 위반 2명	29
〈정치에 관한 범죄 처벌의 건〉		2
협박	〈보안법〉 위반 1명 업무방해 1명	2
공갈 미수	〈보안법〉 위반	1
주거침입	〈전신법〉 위반	1
절도	소요, 상해, 가택침입, 〈보안법〉 위반	1
합계		1,014

대의 과격한 양상이 나타나 가택침입이나 기물파괴, 건물파괴, 순사 처단 등이 벌어졌던 것이다.

3·1운동 참여자에 대한 죄명은 '〈보안법〉 위반'이 통계 인원의 92.6%에 해당한다. 이렇게 일제는 3·1운동 참여자를 '정치사범'으로 처벌한 것이다.

이에 따라 형량도 가볍지 않았다. 형량을 확인할 수 있는 인물 929명 가운데 최대 형량은 12년형을 받은 4명이 있다. 이들은 경기도 수원군 송산면 사강리(현 화성시)에서 1919년 3월 26일과 28일 만세운동에 참여한 문상익·왕광연·홍면·홍

형량별 수감 인원

형량	12년	10년	7년	6년	5년
인원	4명	2명	9명	3명	9명
비율	0.4%	0.2%	1.0%	0.3%	1.0%

형량	4년	3년	2년 6개월	2년	2년 미만~1년 6개월 이상
인원	9명	26명	16명	78명	12명
비율	1.0%	2.8%	1.7%	8.4%	1.3%

형량	1년 6개월	1년 6개월 미만~1년 이상	1년	1년 미만~6개월 이상	6개월	6개월 미만
인원	114명	43명	236명	240명	121명	7명
비율	12.3%	4.6%	25.4%	25.8%	13.0%	0.8%
합계 : 929명(100%)						

준옥으로 일본인 순사부장 노구치 고조[野口廣三] 처단을 주도했다. 다음으로 10년형에 김명제·김동순, 7년 형에 김교창·김용준·민용운·박춘홍·전도선·차경현·홍관후·홍명선·황칠성, 6년형에 오광득·이윤식·최춘보가 있다.

5년형을 받은 사람 가운데 조수인은 '〈보안법〉 위반 및 소요'의 2가지 죄명이, 송재만宋在萬은 '절도, 소요, 상해, 가택침입, 〈보안법〉 위반, 〈출판법〉 위반, 문서위조 행사'의 7가지 죄명이 붙었다. 이들은 3·1운동을 주도하면서 시위가 격렬해지자 건물을 파괴하거나 일제 경찰을 습격하는 등 강력한 시위를 전개했다.

4년형을 언도받은 이계엽, 김형진, 김길현 등도 동일했다. 이들은 1차 시위 때 참여자 중 일부 인사들이 피체되자, 다시 2차 시위를 일으켜 관공서를 습격하고 관헌에게 무력을 행사하는 등 격렬한 시위를 벌였다.

송재만

3년형을 받은 사람 중에는 유관순과 그의 숙부 유중무도 있다. 이 외에 함태영·이종일·백광필·유연화·이종린·장양건이 있다. 이 가운데 함태영은 기독교인이자 법조계 인사로 3·1운동을 기획하고 독립선언서 초안을 검토·배포하여 3·1운동 촉발에 기여한 인물이다. 이종일은 민족대표 33인 중 한 사람으로 천도교계 참여 인사이자 보성사 사장으로서 〈독립선언서〉 인쇄를 맡았다. 이들은 종교계 지도자로서 3·1운동 발발에 일정한 역할을 한 추진 세력이다.

유중무

함태영

3·1운동 수감자에게 가장 많이 언도된 형량은 1년(236명)이며 다음으로 8개월(140명), 6개월(121명), 1년 6개월(114명)의 순이다. 반면 6개월 미만은 7명에 불과하다. 6개월 형 미만이 적은 이유는 3·1운동이 전국 각지에서 동

시다발적으로 일어났고, 대량의 인원이 각지에서 체포됨에 따라 일시에 모두를 감옥에 수감할 수 없는 상황이 되어 6개월 형 미만은 징역형 대신 태형을 집행했기 때문이다.

여옥사 8호 감방

3·1운동의 참여자는 여성도 예외는 아니었다. 서대문형무소에는 여성도 수감되었는데, 여성 미결수를 수용한 여구치감인 '여옥사'의 8호 감방은 유관순이 수감된 것으로 알려져 있다. 8호 감방에 유관순이 수감되었을 당시 어윤희, 신관빈, 권애라, 임명애, 김향화, 심명철(본명 심영식) 등 7명이 함께 수감되었던 것으로 확인된다. 이들은 1920년 3월 1일 오후 2시경 3·1운동 1주년 옥중투쟁을 전개했다. 여옥사에서 시작된 만세소리는 서대문형무소의 모든 옥사에 퍼져 일제를 매우 당혹하게 했다.

이 일로 유관순은 심한 고문에 시달렸다. 그의 수형기록카드에 부착된 사진을 보면 왼쪽 안면부가 부어 있다. 손바닥과 주먹으로 20여 차례 이상 가격당한 것이다. 왼쪽 뺨은 5~6mm가량이 부어오른 안면부종顔面浮腫이었고, 콧속도 부어서 제대로 숨을 쉴 수 없는 호흡곤란 상태였다. 이러한

어윤희

유관순

신관빈

상황에서 촬영한 유관순의 얼굴은 좌우의 비례가 맞지 않는 비대칭의 모습으로, 18세 소녀 유관순의 평소 모습이 아니었다.

당시 혹독한 감옥 생활과 처우는 신관빈申寬彬의 회고를 통해 볼 수 있다. 그는 "옥중에서는 마룻바닥에 다다미를 깔고 그 위에서 자는데, 사람 4명에 일본 이불 하나씩을 주었습니다. 그러나 어떻게 추운지 몸이 모두 얼어서 죄다 터지고 아파 차마 견딜 수 없었습니다."라고 하여 겨울철 난방도 되지 않는 싸늘한 감방에서 추위에 무척이나 고통스러운 상황이었다고 회고했다.

그러나 이러한 환경보다도 더 힘들게 한 것은 일본인 간수의 가혹한 태도였다. 신관빈은 "그러한 중 더욱이 간수의 가혹한 태도는 무엇이라 말하여야 옳은지, 그도 사람인가, 인정을 가진 동물인가 의심할 만큼 냉혹하였습니다. 물론 그 속에서 하고 지내는 태도나 대우받은 것은 사람으로서는 받지 못할 만큼 망측한 것이었습니다."라고 하여 감옥에서의 처우가 '망측'이라고 표현할 만큼 가혹하다고 밝히고 있다. 이러한 상황에서 유관순은 심한 고문으로 끝내 1920년 9월 28일 옥사하여 순국하고 말았다. 일제 식민지 감옥은 독립운동가에게, 여성에게도 일말의 예외가 없었던 냉혹한 곳이었다.

최근 유관순과 함께 수감된 심명철沈明哲의 큰아들 문수일이 평소 그의 어머니가 불렀다는 노래를 채록한 것이《한국일보》이진희 기자에 의해 발굴되었다. 유관순 등 7명의 지사는 일제의 압박 속에서도 다음과 같은 노래를 부르며 용기를 잃지 않고 서로를 독려했던 것 같다.

〈여옥사 8호 감방의 노래〉
전중이 일곱이 진흙색 일복 입고
두 무릎 꿇고 앉아 주님께 기도드릴 때
접시 두 개 콩밥덩이 창문 열에 던져줄 때
피눈물로 기도했네 피눈물로 기도했네
대한이 살았다 대한이 살았다
산천이 동하고 바다가 끓는다
에헤이 데헤이 에헤이 데헤이
대한이 살았다 대한이 살았다

서대문형무소 여옥사 8호 감방에서 잠시 눈을 감고 있

옥사 건물 복도를 걷는 필자와 답사 참가자들

노라면 100년 전 그날 비장한 그들의 노랫소리가 가슴 속을 파고드는 듯하다.

3·1운동에 참여한 사람들은 15살 어린 소년·소녀부터 69세 초로의 노인까지, 여성과 남성을 가리지 않고, 전국 각지에서 신분의 높고 낮음도 없는 다양한 계층이었다. 그저 평범하게 일상을 살아가던 우리의 형제, 부모, 이웃들이었다. 그들은 일상에서 자신들이 할 수 있는 최선의 방법으로 독립을 쟁취하고자 투쟁에 나섰고, 정의로움을 추구한 것이다. 3·1운동은 특별한 소수의 활약이 아닌, 평범한 사람들의 위대한 투쟁이었다.

오늘 우리는 3·1운동 참여자들이 체포되고 수감되었던 역사의 현장에서 100년 전 그날 평범한 사람들의 위대한 투쟁을 시민들과 함께 기억하고 기념하는 또 다른 역사의 한 페이지를 만들어간다.

[한 걸음 더 읽기]

서대문형무소 수감자의 일상

수인복

① 의(衣)

감옥에서 입는 옷을 수인복이라고 한다. 옷을 지급하는 시점은 경찰서에서 감옥으로 인계되어 입감될 때이다. 수인복은 일본식 긴 일자형의 옷이었다. 허리 부분에 긴 끈(허리띠, 일명 '오비')을 둘러대어 몸에 밀착시키고, 허리 부분을 접거나 펴서 본인의 키에 맞게 길이를 조절했다. 당시에는 이 옷을 일명 '하오리'라고 하였다.

수인복은 면포 옷감으로 만들었는데 여름옷과 겨울옷의 구분은 없고 겹옷과 홑옷의 구분만 있었다. 겹옷은 '겹상의', 홑옷은 '단상의'

라고 칭했다. 겨울의 추위를 견디기에는 터무니없이 얇은 옷이었다. 공식적으로 추위를 막아 줄 방한복은 지급되지 않았다. 6,000여 장의 수형기록카드 가운데 겨울철에 찍힌 사진들을 살펴보면 옷 사이에 무엇인가를 넣어 누빈 경우가 보인다. 겹상의 속에 솜을 넣어 누빈 것이다. 솜은 1벌당 2.35kg을 넣도록 규정되어 있다. 그러나 별도로 차입差入해야 하는 것으로, 차입을 못 받는 경우 여름철의 얇은 옷을 그대로 입고 겨울을 지내야 했다.

빨래는 여름의 경우 속옷은 1주일에 1회, 겉옷은 1개월에 1회로 제한 하였고, 봄옷은 솜을 넣은 관계로 증기로 쪘다고 한다. 한편 수인복을 입지 않고 흰색 또는 검은색의 한복 차림을 한 수감자도 있다. 외부에서 옷을 차입 받는 경우이다.

수인복의 색깔은 두 종류로 구분되었다. 미결수에게는 청색의 수인복이, 기결수에게는 적갈색의 수인복이 지급되었다. 수인복의 색깔만으로 미결과 기결을 확연히 구분할 수 있게 한 것이다.

② 식(食)

수감자들이 먹는 음식은 감옥에서의 생존에 있어 가장 중요한 문제였다. 수감자 대부분은 건강하던 몸도 몇 개월 만에 야위고 면역력이 감소하여 감기나 학질에 걸리기 일쑤였고 각종 질병에 시달렸다. 그나마 미결수들은 '스스로 구입하거나, 외부에서 차입'할 수 있었으므로, 형편이 되는 미결수는 기결수에 비해 먹는 문제에서 조금 나은 입장이었다.

미결수가 외부에서 구입해 들여오거나 차입할 수 있는 음식은 매우 제한되었다. 차입의 종류는 첫째, 밥과 그에 따른 부식, 둘째, 우유와 계란, 셋째, 보건상 필요하다고 인정되는 경우였고, 횟수는 1회 1식에 한했다. 세 번째의 경우는 의무과醫務課의 소견을 얻어 허락된 것만 가능해서 수감자가 원하는 대로 음식물을 들여오기는 쉽지 않았다.

기결수는 병에 걸렸을 때 의사의 판단으로 영양 보충이 필요하다고 인정되는 경우에만 차입할 수 있어 사실상 일반적인 차입은 허가되지 않았다. 차입이 허락되지 않거나, 외부의 지원이 없었던 수감자들은 그저 배고픔을 참고 견딜 수밖에 없었다.

'사상범'은 1회 식량 배급량이 일반 범죄자에 비해 적게 지급되었다. 1936년 제정된 형무소의 배급 기준 규정에 따르면, 수감자 식량 배급 기준을 총 9개 등급으로 구분했다. 등급의 기준은 '죄질'과 노역의 종류에 따라 구분했다. 1등급 쪽으로 갈수록 단순한 범죄자인 사기, 폭행, 절도, 강도 등이고, 8등급 쪽으로 갈수록 사상범인 〈치안유지법〉 위반, 〈보안법〉 위반, 〈출판법〉 위반 등이다. 그리고 1등급 쪽으로 갈수록 노역의 강도가 강한 채석장 작업과 같은 일을 시키고, 많은 양의 음식을 제공했다.

반면 사상범과 미결수들은 주로 4~5등급 이하의 식량을 배식받았다. 친일파 이용로를 처단하고, 서대문형무소에 수감된 이규창의 회고에 따르면 수감 직후 7등식, 한 끼에 220g의 밥을 배식받았다고 한다.

밥의 혼합 비율은 쌀 10%, 조 50%(또는 보리 50%), 콩 40%로 구성되었다. 감옥의 밥을 흔히 '콩밥'이라 부르는 것은 일제강점기부터 콩의 비중이 많았고, 조나 보리에 비해 크기가 큰 콩이 두드러졌기 때문이다. 감옥의 밥은 또 다른 속어로 수감자들 사이에서 일명 '가다밥'이라고도 불리었다. '가다(かた)'는 일본말로 '틀'이라는 의미로 감옥의 밥이 '틀로 찍어 주는 밥'이라는 뜻이다. 그리고 등급에 따라 그 틀의 밑바닥 두께를 달리하여 밥의 양을 조절했다. 1등급 쪽으로 갈수록 틀 바닥의 두께가 얇아 많은 양이 담기고, 8등급 쪽으로 갈수록 바닥의 밥이 적게 담기는 원리이다.

이러한 상황은 1919년 민족대표들의 수감생활에도 고스란히 적용되었다. 그들에게 감옥에서의 가장 큰 고통 중 하나는 먹는 것이었다. 배고픔은 물론이고 감옥에서 배식하는 음식을 먹는 것 자체가

수감자들의 식사 배급량

구분	등급	1회 분량(g)	칼로리(kcal)
노역자·일반범	특 등	400	1,132.80
	1등급	380	1,076.16
	2등급	350	991.20
	3등급	330	934.56
	4등급	300	849.60
미취업자·사상범	5등급	270	764.64
	6등급	240	679.68
	7등급	220	623.04
	8등급	200	566.40
환자식	중간식(中間食)	220 이하	734.80
	죽 또는 미음	180 이하	601.20

고통이었다. 밥에 온통 돌이 섞여 제대로 씹지도 못하고 넘겨야 했다. 민족대표 가운데 이승훈은 출옥 후 《동아일보》에 기고한 글을 통해 그 고통의 단면을 다음과 같이 이야기했다.

> 옥중에 있는 사람이 항상 고통과 불편하게 여기는 것은 음식이라. 먼저 음식에 대해 이렇게 저렇게 이야기하는 것은 그다지 재미없는 일이라고 하겠지만, 음식이라는 것은 사람의 생명을 이어가는데 가장 중요한 것이다. 아무리 자유가 구속되어 옥중에 있는 사람일지라도 음식이 적당한지, 그렇지 아니한지는 역시 중요한 문제이다. 또한 음식은 하루에 세 차례 먹어야 하는 것이다. 그러한 음식으로 인해 고통을 받는다면 그것은 하루에 세 차례씩 겪어야 하는 것이다. 이것은 견디기 어려운 고통은 아닐지라도 여러 날을 반복하게 되면 아마도 가장 큰 고통이 될 것이다.
>
> 감옥에 갇혀 있는 사람에게 주는 것을 콩밥이라고 부르는 것은 감옥을 알지 못하는 사람들도 모두 알고 있는 것이다. 그러나 그것은 콩밥

이라고 하기보다는 차라리 메줏덩이에 가까운 것이다. 반찬이라고 주는 것도 실로 말로 설명하기 어려울 정도인데, 이는 감옥 전체의 예산과 관계있는 일이고, 법규 역시 속히 바뀌기는 어려울 것이다. 또한 형벌을 받는 몸이 되어 일체의 자유와 권리를 빼앗기고 옥중에 있는 몸이 입에 맞는 음식을 요구하는 것도 안 될 말이라고 하겠다. 그러므로 본인은 예산과 법규가 아닌 다른 것을 바꿨으면 한다.

맛이 없더라도 반찬이 좋지 않더라도 감옥에 갇혀 있는 사람에게 먹을 것은 이것밖에 없으므로 처음에는 먹지 못하는 사람이라도 시간이 지나면 먹는다. 배가 고프다면 못 견딜 것이고 시간이 지나가면 대개는 참고 먹게 된다. 하지만 아무리 견디라고 할지라도 견디지 못할 고통은 밥에 돌이 섞여 있는 것이다. 돌이 전체의 몇 분의 몇 할이나 될까. 밥 한술에 돌이 평균 몇 개나 있는지는 조사해 보지는 못했기 때문에 정확하게 말할 수는 없다. 그러나 대개 감옥의 콩밥이라는 것은 입에 넣어 덩어리 채로 침을 발라 조금씩 삼켜야 한다. 만일 대충 씹었다가는 이빨을 상하게 할 만한 돌덩이가 있어 매우 불편할 뿐만 아니라 위장에 해를 끼친다. 더욱이 소화기관이 약한 사람은 이로 인해 병을 얻게 되고, 그러한 것으로 고통받지 않는 이는 한 사람도 없다고 말할 수 있다.

밥에 돌이 섞여 있는 것은 콩과 조를 구입할 때 섞여 있는 돌을 고르지 않고 그대로 밥을 짓기 때문이다. 결단코 감옥에서 일부러 섞는 것은 아니다. 그러나 이로 인하여 밥을 먹는 사람의 고통은 매우 심하다. 돌을 골라 먹이지 말라는 법령이 있는 것이 아닌 이상, 예산에 큰 관계만 없다면 이러한 폐해를 없애는 것은 당연히 해야 할 일이다. 그렇다면 큰 비용을 들이지 않고 콩과 조와 쌀에서 돌을 골라낼 방법은 무엇인가. 이에 대해서는 여러 가지 편리한 방법이 있겠지만, 내가 옥중에서 생각한 한 방법을 알리고자 한다.

그 방법은 어려운 것이 아니라 고운 체와 굵은 체 두 가지만 준비하면

이승훈

충분하다. 그리고 처음에는 고운 체로 적은 돌을 걸러내어 굵은 돌과 곡식만을 남기고, 다시 굵은 체로 쌀을 걸러내고 남은 굵은 돌을 버리면 된다. 물론 돌을 완전히 골라낼 수는 없겠지만 먹을 때 어느 정도는 씹을 만하게 될 것이라고 생각한다. 시장에서 하는 일이라면 상당한 품삯이 들겠지만 감옥과 같이 사람이 흔하고 품삯이 낮은 곳에서는 죄수 몇 명을 쓴다고 해도 그 비용은 매우 저렴할 것이다.

윗글은 이승훈이 감옥 생활 중 겪었던 것 가운데 개선해야 할 부분을 이야기한 것이다. 이에 의하면 음식을 먹는 것이 고통스럽고 불편하여 가장 큰 고통 중 하나였다고 한다. 콩밥도 메주에 가까운 것이고 반찬은 말할 수 없을 정도였다. 무엇보다 견디기 어려운 것은 밥에 돌이 섞여 있는 것이었다. 얼마나 돌이 많은지 아무 생각 없이 씹다가는 이가 상할 정도였다. 따라서 밥을 씹어 먹지 못하고 약간 침을 발라 오물오물하여 삼켜야 했다. 이 때문에 소화기가 약한 사람들이 고통에 시달렸다고 한다.

또한 1921년 5월 5일 출옥한 정춘수의 증언에 의하면, "콩밥을 먹기는 하지만 먹고 나면 가슴이 아파서 괴롭게 지냈으며, 권동진 씨도 매우 체증滯症이 대단하십니다."라고 하여 먹는 문제가 심각했음을 밝혔다. 이러한 폐단에 대해 이승훈은 고운체와 굵은 체를 이용하여 돌을 걸러내면 예산을 거의 들이지 않더라고 얼마든지 개선할 수 있다고 주장했다. 이처럼 감옥에서의 비인간적인 대우는 조금만 노력하면 해결 가능한 것들이 많았지만, 일제강점기 감옥은 인간의 기본적인 욕구를 배려할 만큼의 관용이 갖춰져 있지 않았다.

③ 주(住)

1910년 강제병합 직후 독립운동으로 수감되는 사람이 기하급수적으로 늘어나자 감방의 수용인원은 그 기준을 훨씬 초과하여 밀도가 매우 높았다. 1911년 안악사건으로 서대문형무소에 수감되었던 김구에 의하면 감방 안의 모습은 다음과 같다.

> 많은 죄수가 앉아 있을 땐 마치 콩나물 대가리 나오듯이 되었다가, 잘 때는 한 사람은 머리를 동쪽 한 사람은 서쪽으로 해서 모로 눕는다. 그러고도 더 누울 자리가 없으면 나머지 사람들은 일어서고, 좌우에 한 사람씩 힘이 센 사람이 판자벽에 등을 붙이고 두 발로 먼저 누운 자의 가슴을 힘껏 민다. 그러면 누운 자들은 "아이구, 가슴뼈 부러진다."라고 야단이다. 하지만 미는 쪽에서는 또 누울 자리가 생기니, 서 있던 자가 그사이에 드러눕고 몇 명이든지 그 방에 있는 자가 다 누운 후에야 밀어주던 자까지 다 눕는다. 모말과 같이 네 귀퉁이를 물려 짜서 지은 방이 아니면 방이 파괴될 터였다. 힘써 밀 때는 사람의 뼈가 상하는 소리인지 벽판이 부러지는 것인지 우두둑 소리에 소름이 돋는다.

이처럼 감방 안에 수용된 사람들이 한꺼번에 누워 잠자기도 어려운 형편이었다. 또한, 1919년 3·1운동으로 수감되었던 심훈은 당시의 고통을 어머니께 드리는 편지에서 아래와 같이 이야기하고 있다.

> 쇠고랑을 차고 용수는 썼을망정 난생처음으로 자동차에다가 보호순사까지 앉히고 거들먹거리며 남산 밑에서 무악재 밑까지 내려 긁는 맛이란 바로 개선문으로 들어가는 듯하였습니다.
> 어머니!
> 날이 몹시도 더워서 풀 한 포기 없는 감옥 마당에 뙤약볕이 내리쪼

이고 주황빛의 벽돌담은 화로 속처럼 달고 방 속에는 똥통이 끓습니다. 밤이면 가뜩이나 다리도 뻗어 보지 못하는데, 빈대, 벼룩이 다투어 가며 진물을 살살 뜯습니다. 그래서 한 달 동안이나 쪼그리고 앉은 채 날밤을 새웠습니다. 그렇건만 대단히 이상한 일이지 않겠습니까? 생지옥 속에 있으면서 하나도 괴로워하는 사람이 없습니다. 누구의 눈초리에나 뉘우침과 슬픈 빛이 보이지 않고, 도리어 그 눈들은 샛별과 같이 빛나고 있습니다.

김구

심훈

심훈은 당시 감옥을 '생지옥'이라고 표현했다. 그러나 감옥 생활의 고통도 독립운동가들의 의지를 꺾지 못하였음을 잘 보여주고 있다.

서대문감옥 감방 안에는 돗자리가 깔려 있고, 경성감옥에는 이불이 깔려 있었다. 겨울철에 지급되는 덮는 이불은 매우 작아 발이 드러날 정도였다고 한다.

서대문감옥에서의 일과는 오전 6시에 기상하여 9시에 아침 식사, 12시에 점심, 17시에 저녁 식사를 하고 매일 10분 내외의 야외 운동(일광욕)을 했다. 이때 수감자끼리 만날 수 없도록 시간을 조정했다고 한다. 목욕은 봄과 여름철에는 5일에 1회, 가을, 겨울철에는 1주일에 1회의 기회가 주어졌다. 서대문감옥에서는 미결수의 경우 별도의 작업은 없었던 것 같다.

이들의 감옥 일과는 세면, 식사, 용변, 취침, 침묵이 전부였다. 기상시에는 기상나팔이 울리고, 기상 후와 취침 전에는 각자의 자리에 정좌하고 앉아 기도하여야 한다. 식사는 감방 내 두 사람이 받을 준비를 하고, 출입문 아래에 있는 '식도구'를 열어 밥을 던지면 안에서 받았다. 물은 1인당 두 그릇을 주었다. 한 그릇으로 식기를 세척하고, 다른 한 그릇은 다음 날 아침 세면용으로 주어졌다. 감방에서의 동작은 주로 무릎 꿇은 자세를 하고 있고, 취침에 들어서야 누울 수 있었다. 심지어는 아픈 경우에도 함부로 누울 수 없었고, 별도의 허락을 받아야만 했다. 취침 시에는 간수의 '취침'이라는 구령이 떨어지면 정좌하고 있던 자세를 풀고 취침에 들어갔다.

수감자들에게 배고픔 만큼 힘든 고역은 종일 좁은 감방 안에서 '아무것도 하지 않는 것'이었다. 일제는 미결수와 기결수 중 정치 사상범은 노역을 시키지 않아 하루 대부분을 감방에서 지내야 했다.

수감자들의 주 생활공간이었던 감방의 크기는 큰 방 약 3.3평(10.9㎡), 작은 방 약 1.2평(3.9㎡)으로 구성되었고, 옥사 내 징벌방(먹방) 약 0.5평(1.89㎡), 청사건물 지하 취조실 독방 약 0.9평(3.1㎡), 미결구치감 독방 약 0.75평(2.5㎡)으로 구분되었다.

1935년 전국 감옥의 수용 밀도가 1평당 3.12명이었음을 고려하면, 큰 방에는 10여 명 이상, 작은 방에는 3명 이상이 수용되었다. 이 제한된 생활 속에서 일제의 감시와 탄압보다도 견디기 힘든 것은 굶주림과 더불어 추위와 더위 그리고 질병이었다.

한여름 감방 안의 온도는 보통 30℃ 이상을 넘었으며, 더위를 막아줄 도구는 오로지 부채뿐이었다. 그것도 둥근 부채만 허용되고, 미결수는 외부차입으로 1인당 1개가 허용되었다. 그러나 기결수는 그것마저도 5명당 1개의 부채가 허용되어 '죄'에 대한 철저한 통제와 제한의 단면을 엿볼 수 있다. 한겨울에는 영하 10℃를 넘나드는 혹한의 추위가 수감자에 있어서 제일 두려운 것이었다. 그러나 추위를 견뎌낼 방법은 이불이나 옷을 차입으로 조달받는 방법 외에는 별다른 대책이 없었다.

또 힘든 것은 용변이었다. 감방 내 별도의 화장실이 없었기 때문에 용변통인 일명 '똥통'이라는 이중의 나무통을 감방마다 두고 용변을 처리하였다. 뚜껑을 열면 내부에 통이 하나 들어가 있는데 그곳에 일을 보았다. 용변통은 통상 오전 10시 전후에 내어가고 오후 14시 전후에 다시 들여왔다. 겨울철은 그나마 낫지만, 여름철에는 심훈의 '똥통이 끓는다.'는 표현처럼 위생 상태가 매우 좋지 않았음을 충분히 짐작할 수 있다.

이렇게 서대문형무소의 감옥 생활은 열악한 식량 배급, 추위와 더위, 화장실의 부재로 그 자체만으로도 수감자에게는 고난과 역경의 세월이었다. 그런데도 7~8년 이상을 생활한 장기수들이나 사형수들은 그저 덤덤히 버티는 예도 있어, 처음으로 감옥 생활을 시작하는 수감자들의 눈에는 그저 놀라울 따름이었다.

이러한 감옥에서의 처우와 간수들의 냉혹한 태도는 단순히 간수 개인의 성향 문제가 아니었다. 일제의 식민지 정책이 감옥 운영 규정에 반영된 결과라고 볼 수 있다. 식민지 감옥에 수감된 이른바 '사상범'의 혐의를 쓴 독립운동가를 가혹하게 다룰수록 그들의 식민지 체제 안정에 도움이 되었던 것이다.

부록

3·1운동의 기획자, 민족대표 33인

김정인 춘천교육대학교 교수

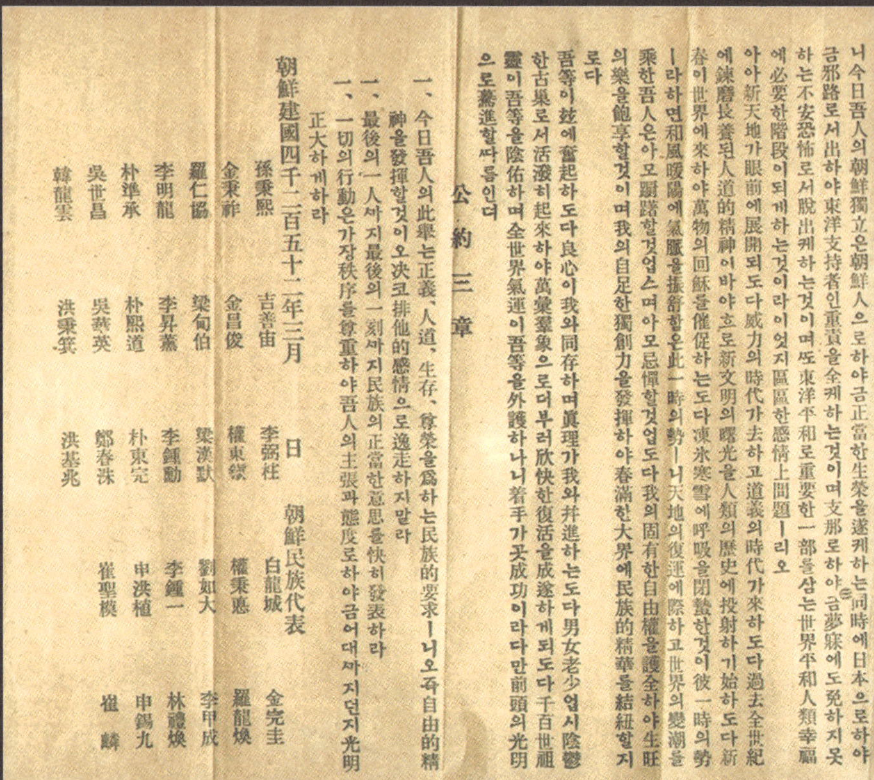
니今日吾人의朝鮮獨立은朝鮮人으로하야금正當한生榮을遂케하는同時에日本으로하야금邪路로서出하야東洋支持者인重責을全케하는것이며支那로하야금夢寐에도免하지못하는不安恐怖로서脫出케하는것이며또東洋平和로重要한一部를삼는世界平和人類幸福에必要한階段이되게하는것이라이엇지區區한感情上問題ㅣ리오

아아新天地가眼前에展開되도다威力의時代가去하고道義의時代가來하도다過去全世紀에鍊磨長養된人道的精神이바야흐로新文明의曙光을人類의歷史에投射하기始하도다新春이世界에來하야萬物의回蘇를催促하는도다凍氷寒雪에呼吸을閉蟄한것이彼一時의勢ㅣ라하면和風暖陽에氣脈을振舒함은此一時의勢ㅣ니天地의復運에際하고世界의變潮를乘한吾人은아모躊躇할것업스며아모忌憚할것업도다我의固有한自由權을護全하야生旺의樂을飽享할것이며我의自足한獨創力을發揮하야春滿한大界에民族的精華를結紐할지로다

吾等이玆에奮起하도다良心이我와同存하며眞理가我와幷進하는도다男女老少업시陰鬱한古巢로서活潑히起來하야萬彙羣象으로더부러欣快한復活을成遂하게되도다千百世祖靈이吾等을陰佑하며全世界氣運이吾等을外護하나니着手가곳成功이라다만前頭의光明으로驀進할따름인뎌

公約三章

一、今日吾人의此擧는正義、人道、生存、尊榮을爲하는民族的要求ㅣ니오즉自由的精神을發揮할것이오決코排他的感情으로逸走하지말라

一、最後의一人까지最後의一刻까지民族의正當한意思를快히發表하라

一、一切의行動은가장秩序를尊重하야吾人의主張과態度로하야금어대까지던지光明正大하게하라

朝鮮建國四千二百五十二年三月 日

朝鮮民族代表

孫秉熙 吉善宙 李弼柱 白龍城 金完圭
金秉祚 金昌俊 權東鎭 權秉悳 羅龍煥
羅仁協 梁甸伯 梁漢默 劉如大 李甲成
李明龍 李昇薰 李鍾勳 李鍾一 林禮煥
朴準承 朴熙道 朴東完 申洪植 申錫九
吳世昌 吳華英 鄭春洙 崔聖模 崔麟
韓龍雲 洪秉箕 洪基兆

〈독립선언서〉

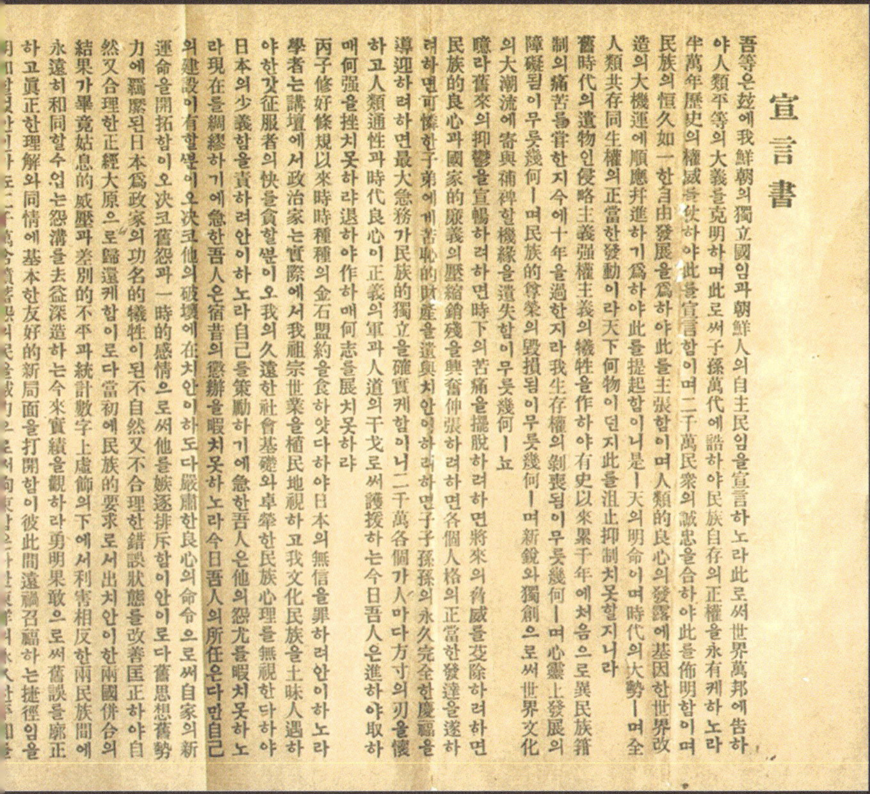

宣言書

吾等은玆에我鮮朝의獨立國임과朝鮮人의自主民임을宣言하노라此로써世界萬邦에告하야人類平等의大義를克明하며此로써子孫萬代에誥하야民族自存의正權을永有케하노라半萬年歷史의權威를仗하야此를宣言함이며二千萬民衆의誠忠을合하야此를佈明함이며民族의恒久如一한自由發展을爲하야此를主張함이며人類的良心의發露에基因한世界改造의大機運에順應幷進하기爲하야此를提起함이니是ㅣ天의明命이며時代의大勢ㅣ며全人類共存同生權의正當한發動이라天下何物이던지此를沮止抑制치못할지니라

舊時代의遺物인侵略主義强權主義의犧牲을作하야有史以來累千年에처음으로異民族箝制의痛苦를嘗한지今에十年을過한지라我生存權의剝喪됨이무릇幾何ㅣ며心靈上發展의障礙됨이무릇幾何ㅣ며民族的尊榮의毁損됨이무릇幾何ㅣ며新銳와獨創으로써世界文化의大潮流에寄與補裨할機緣을遺失함이무릇幾何ㅣ뇨

噫라舊來의抑鬱을宣暢하려하면時下의苦痛을擺脫하려하면將來의脅威를芟除하려하면民族的良心과國家的廉義의壓縮銷殘을興奮伸張하려하면各個人格의正當한發達을遂하려하면可憐한子弟에게苦恥的財産을遺與치안이하려하면子子孫孫의永久完全한慶福을導迎하려하면最大急務가民族的獨立을確實케함이니二千萬各個가人마다方寸의刃을懷하고人類通性과時代良心이正義의軍과人道의干戈로써護援하는今日吾人은進하야取하매何强을挫치못하랴退하야作하매何志를展치못하랴

丙子修好條規以來時時種種의金石盟約을食하얏다하야日本의無信을罪하려안이하노라學者는講壇에서政治家는實際에서我祖宗世業을植民地視하고我文化民族을土昧人遇하야한갓征服者의快를貪할뿐이오我의久遠한社會基礎와卓犖한民族心理를無視한다하야日本의少義함을責하려안이하노라自己를策勵하기에急한吾人은他의怨尤를暇치못하노라現在를綢繆하기에急한吾人은宿昔의懲辨을暇치못하노라今日吾人의所任은다만自己의建設이有할뿐이오決코他의破壞에在치안이하도다嚴肅한良心의命令으로써自家의新運命을開拓함이오決코舊怨과一時的感情으로써他를嫉逐排斥함이안이로다舊思想舊勢力에羈縻된日本爲政家의功名的犧牲이된不自然又不合理한錯誤狀態를改善匡正하야自然又合理한正經大原으로歸還케함이로다當初에民族的要求로서出치안이한兩國倂合의結果가畢竟姑息的威壓과差別的不平과統計數字上虛飾의下에서利害相反한兩民族間에永遠히和同할수업는怨溝를去益深造하는今來實績을觀하라勇明果敢으로써舊誤를廓正하고眞正한理解와同情에基本한友好的新局面을打開함이彼此間遠禍召福하는捷徑임을

민족대표 33인의 구성을 보면 천도교계가 15명, 기독교계는 16명, 그리고 불교계가 2명이다. 〈독립선언서〉의 맨 마지막에는 이들 민족대표 33인의 이름이 적혀 있다. 적힌 이름의 순서를 살펴보면, 민족대표를 이끄는 손병희 이름이 제일 먼저 나오고 이어서 장로교 대표 길선주, 감리교 대표 이필주, 불교 대표 백용성을 쓴 다음, 나머지 29명은 가나다순으로 썼다고 한다. 하지만 실제로는 완벽하게 가나다순은 아니다. 1919년 2월 27일 밤 선언서를 인쇄하는 순간까지도 민족대표 명단이 여러 번 바뀌면서 수정할 겨를이 없었기 때문이다.

손병희

孫秉熙, 1861~1922

민족대표를 이끈 천도교 지도자. 충청북도 청주 출신이다. 20대에 동학에 들어가 1894년 동학농민군의 2차 봉기에서 북접을 이끌고 남접의 전봉준과 함께 동학농민운동을 전개했다. 일본군과 정부군 연합부대에 패한 후 피신 생활을 하던 중 동학의 제3대 교주 자리에 올랐다. 1901년 일본으로 망명해 한국 청년들의 일본 유학을 주선하는 등 근대화를 추구했다. 이에 따라 동학교인들은 상투를 자르고 정치 개혁을 요구하는 민회운동을 벌였다. 1905년 12월 동학을 천도교로 개칭한 후 이듬해에 귀국해 각지에 천도교회를 세웠다. 1910년 한일강제병합 이후 많은 사람이 동학에 뿌리를 둔 천도교에 몰려들어 1919년 무렵에 천도교인은 100만 명에 달했다. 천도교가 급성장하는 가운데 천도교인의 교육을 위한 교리강습소를 전국 천도교회에 설치하고 보성고등보통학교, 동덕여학교 등을 직접 운영했다.

제1차 세계대전이 막을 내리면서 세계적으로 독립운동의 기운이 고양되는 가운데 천도교 간부인 권동진, 오세창과 의논 끝에 독립운동에 나서기로 결심한 후 보성고등보통학교 교장인 최린에게 실무를 일임했다. 1919년 3월 1일 오후 2시 태화관에서 민족대표들과 함께 독립선언식을 거행한 후 경찰에 체포되었다. 경성복심법원에서 징역 3년을 선고 받고 서대문감옥에서 옥고를 치르던 중 1919년 11월에 뇌출혈로 쓰러졌다. 하지만 병보석은 계속 기각되었고 1920년 10월 20일에야 출감할 수 있었다. 끝내 병마를 이기지 못하고 1922년 5월 19일 서거했다.

길선주

吉善宙, 1869~1935

기독교(장로교)계를 대표한 민족대표. 평안남도 안주 출신이다. 16세에 평양으로 이주해 상업에 종사하였고 27세가 되던 1896년에 평양에 약국을 열고 기독교인이 되었다. 판동교회에 다니면서 미국인 선교사 그래함 리(Graham Lee)에게 세례를 받았다. 안창호와 함께 독립협회 평양지부를 만들었으며, 1900년에는 평양 장대현에 교회를 신축하고 판동교회를 이전해 장대현교회로 이름을 바꿨다. 34세 되던 1903년에 약국을 정리하고 장로교 계통의 평양신학교에 입학했다. 평양신학교를 졸업하고는 장대현교회에서 목사로 재직했다.

1919년 2월 초순 중국 상하이에서 결성된 신한청년당이 보낸 선우혁을 만나 독립운동을 권유받았다. 2월 16일 평양 기홀병원에서 천도교와의 연합을 논의하고 서울에서 돌아온 이승훈에게 독립운동에 동참할 것을 약속했다. 2월 27일 황해도 장연에서 독립선언식이 3월 1일에 거행된다는 소식을 듣고 상경해 3월 1일 오후 6시에 서울에 도착했다. 오후 2시 태화관에 모였던 민족대표들이 체포된 사실을 알고 경무총감부에 자수하여 1년 넘게 옥고를 치르다가 1920년 10월 30일 경성복심법원의 무죄 판결로 석방되었다. 출옥 후 목사로서의 삶을 살았다. 1935년 11월 하순 평안남도 강서군 고창교회에서 예배를 보던 중 뇌출혈로 쓰러져 11월 26일 타계했다.

이필주

李弼柱, 1869~1942

기독교(감리교)계를 대표한 민족대표. 서울 출신이다. 가난한 어린 시절을 보내고 21세 되던 1890년에 군인이 되어 동학농민운동에서 정부군으로 동학군 진압에 참여했다. 군대 생활 중 하급 지휘관의 자리에 올랐으나 1902년 전염병으로 두 자녀를 잃은 후 기독교인이 되었다. 이듬해에 스크랜튼(W. B. Scranton) 목사에게 세례를 받고 상동교회에 다녔다. 이때 군대를 그만두고 상동교회 예배당 청소 일을 맡았다. 1904년부터는 상동교회가 운영하는 상동청년학원에서 체육 교사로 일했고, 공옥학교에서는 한문·성경·체조를 가르쳤다. 1907년부터는 전도사로 활동하다 41세의 나이에 감리교 계통의 협성신학교에 들어갔다. 졸업 후에는 왕십리교회를 거쳐 정동교회에서 목사로 근무했다.

1919년 2월 25일 최성모 목사로부터 독립운동 계획을 듣고 다음날 최성모와 함께 YMCA 간사인 박희도를 찾아가 참여할 뜻을 알렸다. 2월 27일 열린 기독교계 인사들의 모임에 참석해 민족대표를 확정지었다. 1919년 3월 1일 민족대표로서 독립선언식을 마치고 체포되어 징역 2년을 선고받고 서대문감옥과 경성감옥에서 옥고를 치렀다. 1921년 11월

4일 출옥 후 목사로서의 삶을 살았다. 1942년 4월 21일 별세했다.

백용성

白龍城, 1864~1940

불교계를 대표한 민족대표. 전라북도 남원 출신이다. 14세에 교룡산성의 덕밀암으로 출가했다가 부모의 반대로 다시 집에 돌아왔다. 16세에 경상남도 합천 해인사 극락암으로 다시 출가했다. 45세가 되던 1909년까지 전국의 큰 절은 물론 중국의 불교 성지를 찾아다니며 수행했다. 1911년부터 서울에서 포교를 시작하고 그해 4월 대각사를 창건하여 선禪 대중화 운동에 힘썼다. 1912년에는 불교의 친일화에 맞서 한국 불교를 지키고자 한용운 등이 주도한 임제종 운동에 가담해 조선임제종 중앙포교당을 열었다. 조선총독부의 탄압으로 임제종 운동이 어려움을 겪자 1915년 포교당을 떠나게 되었다.

1919년 2월 27일 한용운의 권유로 민족대표에 참여했다. 3월 1일 오후 2시 태화관에서 거행된 독립선언식에 참석하고 경찰에 곧바로 체포되었다. 징역 1년 6월을 선고받고 서대문감옥과 경성감옥에서 수감 생활을 했다. 1921년 5월 5일 출옥한 후에는 불경의 한글화 작업에 나섰다.

1926년에는 조선총독부가 일본처럼 승려들이 결혼할 수 있도록 권장하자 승려 127명의 서명을 받아 이에 항의하는 문서를 두 차례 제출했다. 불교의 친일화가 노골적으로 진행되자 본격적으로 대각교 운동에 나서 한국 불교의 전통을 지키려는 노력을 이어갔다. 서울 종로의 대각사에 중앙본부를 두고 경상남도 함양, 만주 룽징龍井 등에 지부를 설치했다. 함양 백운산에 화과원이라는 과수원을 열어 수행과 후학 양성을 병행했다. 또한 연변에는 농장 두 곳을 만들어 동포들이 농사를 지으며 모여 살 수 있도록 했다. 조선총독부의 탄압에 맞서 대각교의 재기를 모색하던 중 1940년 3월 31일 타계했다.

김완규
金完圭, 1876~1949

천도교계 민족대표. 서울 출신이다. 20대에 한성부 주사 등 잠시 관직 생활을 했다. 1906년에 천도교에 입교한 이후 천도교중앙총부 직원으로 근무했다. 1910년 8월 15일 천도교 기관지로 창간된 《천도교회월보》의 발행인이 되었다. 한일강제병합 당시 천도교회월보사 사원들과 함께 강제병합에 반대하고 성원을 요청하는 편지를 각국 영사관에 보낸 일로 발행인을 사직했다.

1919년 2월 하순 오세창에게 독립선언 계획을 듣고 가담하기로 결심했고 2월 27일 천도교 민족대표를 확정짓는 모임에 참석했다. 3월 1일 오후 2시 태화관에 모인 민족대표들과 함께 독립선언식을 거행하고 경찰에 체포되었다. 징역 2년을 선고받고 서대문감옥과 경성감옥에서 수감 생활을 했다. 1921년 11월 4일 출옥해 천도교중앙총부에서 근무했다. 얼마 후 천도교중앙총부를 그만두고 경기도 동두천으로, 다시 충청남도 서산으로 이주해 살았다. 해방 이후 정치가이자 종교가로서 활동하다가 1949년 6월 21일 별세했다.

김병조

金秉祚, 1877~1948

기독교계 민족대표. 평안북도 정주 출신이다. 어릴 적 한학을 공부하고 20세 되던 해에 평안북도 구성군 관서면 조악동에 서당을 열었다. 1903년에는 구성군 방현면에 있는 삼희재서당을 인수해 학교 교육을 실시하는 변산학교로 개편했다. 1909년에는 기독교에 입교해 변산학교를 기독교계 학교로 새롭게 문을 열었다. 한일강제병합 이후인 1913년 35세의 나이에 장로교 계통의 평양신학교에 입학했다. 졸업 후 목사로서 활동했다.

서울에서 천도교와의 연합을 약속하고 돌아온 이승훈을 1919년 2월 13일 평안북도 선천군에서 만나 독립운동 준비 소식을 듣고 동참하기로 약속했다. 3월 1일 당일에는 서울 태화관에서 열린 독립선언식에는 참석하지 않았고, 대신에 평안북도 여러 군을 오가며 만세시위 확산에 힘썼다. 그리고 전국으로 만세시위가 확산하는 가운데 중국으로 망명해 대한민국 임시정부에 합류했다.

대한민국 임시정부에서는 임시의정원 의원으로 활약했고 독립운동 관련 사료를 모아 《한일관계사료집》을 발간했다. 1894년의 동학농민운동에서 1920년까지의 독립운동사를 연대기로 정리한 《한국독립운동사략》도 저술했다. 임시 정부의 개편 방안을 놓고 열린 국민대표회의의 분열로 실망하여 낙심하던 중, 1923년 펑톈奉天 지안현集安縣 패왕조교회의 초빙을 받아 만주로 건너갔다.

1931년 만주사변 이후 활동에 어려움을 겪자 1933년에 귀국했다. 평안북도 용천군 양서면 동상교회 목사로 재직하면서 경신학교를 설립했다. 중일전쟁 이후 조선총독부가 신사참배를 강요하자 고향인 정주의 묘두산으로 들어가 은둔생활을 했다. 해방 이후 북한에서 반공운동을 전개하다 소련군에 체포되어 1948년 2월 시베리아 강제수용소에서 타계했다.

김창준
金昌俊, 1889~1959

기독교계 민족대표. 평안남도 강서 출신이다. 평양의 숭실중학교와 숭실전문학교를 졸업하고, 일본으로 유학해 도쿄 아오야마학원[青山學院]에 다녔다. 18세에 미국인 선교사 무어(J. Z. Moore)에게 세례를 받았다. 서울에서 감리교중앙교회 전도사로 일했다.

1919년 2월 26일 밤 YMCA 간사인 박희도에게 독립선언에 대해 듣게 되었고, 다음날 정오 기독교계 민족대표를 결정하는 모임에 참석해 민족대표로 참여할 뜻을 밝혔다. 민족대표 중 최연소인 30세로 결혼한 지 1년, 딸을 낳은 지 한 달밖에 안 되는 상황이라 다른 이들이 말렸으나 꼭 넣어달라고 간청했다고 한다. 2월 28일에는 〈독립선언서〉를 분배하는 일을 했다. 자신도 천도교 보성사의 이종일로부터 600장을 받아 평안북도 선천군에 보냈다.

3월 1일 당일 태화관에서 열린 독립선언식에 참석하고 체포되어 징역 2년 6개월을 선고받았다. 1921년 12월에 가출옥하여 서울의 감리교회에서 설교와 강연을 했다. 1924년에 미국으로 유학을 갔다가 2년 만에 귀국해 서울 중앙교회 목사로 재직했다. 해방 이후인 1948년 4월 평양에서 열린 남북협상 당시 북한으로 올라가 잔류하였다. 그 후 1957년 최고인민회의 부의장에 올랐고 1959년 5월 7일 서거했다.

권동진
權東鎭, 1861~1947

천도교계 민족대표. 충청북도 괴산 출신이다. 무관 집안에서 태어나 1869년 8세가 될 무렵 서울로 이사했다. 1882년경 하도감下都監에서 일본군 장교를 초빙해 사관학교를 개설하자 1기생으로 입학해 수석으로 졸업했다. 1884년 박영효 휘하에 있으면서 갑신정변에 가담했다. 1895년 을미사변 때 경복궁 점령에 가담했다가 일본으로 망명했다. 일본에서도 병학을 공부하면서 망명 인사들과 교류하던 중 손병희를 만나 동학에 입교했다. 1905년 12월 동학을 천도교로 개편한 후 손병희와 함께 이듬해 1월 귀국했다. 천도교단을 조직하고 운영하는 데 핵심적인 역할을 했다. 정당을 표방하며 계몽운동을 펼치는 대한협회에 참여해 부회장 등 임원을 맡기도 했다.

제1차 세계대전이 막을 내리면서 민족자결의 목소리가 높아지자 천도교 최고 지도자인 손병희와 논의한 끝에 독립의 의지를 세계에 알리는 운동에 나섰다. 천도교 인사들을 민족대표로 포섭하고 보성고등보통학교 교장인 최린을 앞세워 기독교와 불교를 끌어들였다. 1919년 3월 1일 오후 2시 태화관에서 열린 독립선언식에 참석하고 체포된 후 징역 3년을 선고받았다. 서대문감옥과 경성감옥에서 옥고를 치르고 1921년 12월 22일 출옥했다.

1922년 손병희가 죽은 후 천도교는 신파와 구파로 나뉘었다. 최린이 이끄는 신파가 일본의 식민지배를 인정하며 자치를 주장한 반면, 권동진은 구파 지도자로서 일본에 비타협적인 태도를 취하며 사회주의세력과 연합해 6·10만세운동을 준비하고 신간회新幹會를 만들어 부회장을 맡았다. 1929년 11월 광주학생운동이 일어나자 신간회는 그 진상을 알릴 민중대회를 준비했다. 하지만 경찰이 민중대회를 막고자 사전에 신간회 간부들을 체포했다. 이때 그 역시 체포되어 징역 1년을 선고받고 투옥되었다.

1930년 1월 초 출옥 후에도 신간회에서 활동했다. 1931년 신간회가 해산한 후에는 70세가 넘은 고령으로 일선에서 물러났다. 해방 이후 정치 활동을 벌이다가 1947년 3월 9일 별세했다.

권병덕

權秉德, 1868~1943

천도교계 민족대표. 충청북도 청주 출신이다. 어릴 적 본가가 있던 경상북도 상주군 화서면에서 한문을 배웠다. 1885년에 동학에 입도하고 다음 해인 1886년 2월 화서면에 머물고 있던 동학 제2대 교주 최시형을 만났다. 충청도와 경상도에서 동학 전파에 나서면서 동학의 주요 간부로 부상했고 최시형의 참모가 되었다. 1894년 동학농민군의 제2차 봉기 당시 3만여 명의 교도를 인솔해 전투에 참가했으나 패했다. 그 후 피신을 다니면서 최시형을 보필했다.

이후 천도교중앙총부의 간부로 활동하다가 1907년에 김연국과 함께 이용구가 이끌던 시천교로 옮겼다. 1910년 강제병합 이후 송병준이 시천교의 교권을 장악하자 김연국과 함께 시천교총부를 설립했다. 1915년 다시 김연국과 결별하고 중앙시천교회본부를 창건했다가 1916년에 참회식을 가진 후 천도교로 복귀해 1918년 천도교 원로에게 주어지는 도사의 직위에 올랐다.

1919년 2월 하순 손병희·오세창·권동진 등의 제안으로 민족대표에 참여했다. 3월 1일 오후 2시에 태화관에서 거행된 독립선언식에 참석하고 경찰에 체포되었다. 징역 2년을 선고받고 서대문감옥과 경성감옥에서 옥고를 치렀다. 1921년 11월 4일에 출옥한 이후 천도교 간부로서 활동했다. 1943년 7월 13일 영면했다.

나용환

羅龍煥, 1864~1936

천도교계 민족대표. 평안남도 성천 출신이다. 동학농민운동이 끝난 이후 동학에 입도해 포교에 힘써 1903년에 1만 호를 거느리는 의창대령에 임명되었다. 1905년 동학이 천도교로 이름을 바꾼 후에도 대교구장을 맡는 등 천도교 간부로 활약했다. 1910년부터 서울에 거주하며 천도교중앙총부에서 활동했으며 1917년에는 천도교 도사에 임명되었다.

1919년 2월 하순 손병희·오세창·권동진 등에게 독립운동 계획을 듣고 동참하기로 결정했다. 2월 27일 천도교 민족대표를 확정하는 모임에 참석했다. 3월 1일 오후 2시 태화관에서 열린 독립선언식에 참석한 후 경찰에 체포되었다. 징역 2년을 선고받고 서대문감옥과 경성감옥에서 옥고를 치렀다. 1921년 11월 4일에 출옥한 후 천도교단 간부로 활동했다. 1925년 천도교가 신파와 구파로 분화할 때, 최린이 이끄는 신파에 가담했다. 1936년 8월 19일 타계했다.

나인협
羅仁協, 1872~1952

천도교계 민족대표. 평안남도 성천 출신이다. 19세에 동학에 입도해 동학농민운동 이후 평안도 지방의 포교에 힘썼다. 1903년 1만 호 이상의 교인을 거느리는 의창대령에 임명되었다. 1904년 10월 일본에 망명한 동학 제3대 교주 손병희의 지시에 따라 평양에서 1만 3,000여 명의 동학교도들을 이끌고 정치 개혁을 요구하는 민회를 열었다. 1905년 동학이 천도교로 개편된 이후 천도교 간부로 활동했으며 1917년 천도교 도사에 임명되었다.

1919년 2월 22일 '49일 기도회'를 마치고 고종의 장례식을 보기 위해 상경했는데, 손병희·오세창·권동진 등에게 독립선언 준비 계획을 듣고 동참할 뜻을 밝히고 2월 27일 천도교 민족대표를 확정하는 모임에 참석했다. 3월 1일 오후 2시 태화관에서 열린 독립선언식에 참여하고 경찰에 체포되었다. 징역 2년을 선고받고 서대문감옥과 경성감옥에서 옥고를 치른 후 1921년 11월 4일 출옥했다.

1923년 이후 천도교중앙총부의 공직을 맡지 않고 도사로서 평양에 거주하며 평안도의 천도교를 이끌었다. 1925년 천도교가 최린이 이끄는 신파와 이종린이 이끄는 구파로 나뉘어 갈등할 때, 평안도를 대표하여 양자를 중재하는 역할을 했다. 그러나 신파와 구파가 나뉘게 되자 천도교 신파의 일원이 되었다. 해방될 때까지 정치적 활동을 하지 않았다. 6·25전쟁이 발발하자 1·4후퇴 때 월남하였고, 1952년 4월 16일 영면했다.

양전백

梁甸伯, 1869~1933

기독교계 민족대표. 평안북도 선천 출신이다. 어릴 적 한학을 배우고 14세에 평안북도 구성군 천마면 조림동으로 이주했다. 조림동에 서당을 세우고 훈장을 하던 중 1892년 친구인 김관근을 따라 서울 정동장로교회 예배에 참석하였고, 이후 1895년 마펫(S. A. Moffett) 선교사에게 세례를 받았다. 1896년에는 평안북도 선천에 선천읍교회를 설립했다. 38세 나이에 평양신학교를 졸업하고 얼마 안 있어 선천읍교회 목사로 부임했다. 선천의 교세가 급증하면서 1911년 선천읍교회는 선천북교회로 이름을 바꾸고 선천남교회를 별도로 세웠다. 근대식 학교인 신성학교와 보성여학교도 설립했다. 1911년에는 조선총독부가 데라우치 총독 암살 사건을 조작해 기독교인을 탄압한 '105인 사건'에 연루되어 2년간 복역 끝에 무죄로 풀려났다. 1916년 조선예수교장로회 총회장에 선출되었다.

1919년 2월 초순 중국 상하이에서 결성된 신한청년당이 파견한 선우혁을 만나 독립운동을 촉구받았다. 2월 13일 이승훈으로부터 서울에서 천도교계와 연합하기로 한 소식을 듣고 이에 동참했다. 동시에 3월 1일 선천의 독립시위를 준비했다. 2월 26일 이승훈으로부터 상경하라는 편지를 받고 선천을 출발해 2월 28일 오후 9시 서울에 도착했다. 3월 1일 오후 2시 태화관에서 열린 독립선언식에 참석하고 경찰에 체포되어 2년간 옥고를 치렀다. 1921년 11월 4일 출감했다.

출옥 이후 선천북교회 담임목사로 재직했다. 1927년에 《조선예수교장로회총회 사기史記》 편찬 작업 중 병을 얻어 요양하던 중 1933년 1월 17일 별세했다.

양한묵
梁漢默, 1862~1919

천도교 민족대표. 전라남도 해남 출신이다. 어릴 적 한학을 공부하고 결혼 후 전라남도 나주군 남평면 송촌으로 이주했다. 1892년 관직에 나아가 1894년에는 탁지부 주사에 임명되었다. 1897년경 사직하고 중국과 일본을 유람했다.

1900년대 초 일본에 망명한 동학 교주 손병희를 만나 동학에 입도했다. 1904년에 손병희의 지시에 따라 귀국해 진보회進步會를 결성하고 정치 개혁을 요구하는 민회운동을 벌였다. 동학 간부인 이용구가 진보회와 일진회의 제휴를 추진하자 이에 반발해 일진회 타도를 목적으로 만들어진 공진회共進會에 참여했다. 공진회가 해산한 이후에는 반反일진회적 성향을 띠며 입헌군주제의 실시를 주장하는 헌정연구회에 참여했다.

1905년에는 다시 일본에 건너가 동학의 천도교로의 개편 작업에 참여해 그 틀을 담은 〈천도교대헌〉을 작성했다. 1905년 12월 동학의 천도교 개편을 선언하고 이듬해 1월 손병희와 함께 귀국해 천도교리의 정리와 체계화를 주도하면서 교단 간부로 활동했다. 아울러 호남 출신들이 교육운동을 위해 만든 호남학회와 대한협회에 참여했다. 1909년 이재명 등이 이완용을 저격하려다가 미수에 그친 사건에 연루되어 체포되었다. 4개월간 옥고를 치르고 출옥하였다. 1911년 이후 천도교 도사로 있으면서 교리를 연구하고 교리서를 발간했다.

1919년 2월 하순 손병희·오세창·권동진 등으로부터 기독교와 불교계 인사들과 함께 독립운동을 준비한다는 소식을 듣고 민족대표로 가담하였고, 2월 27일 천도교 민족대표를 확정하는 모임에 참석했다. 3월 1일 오후 2시 태화관에서 열린 독립선언식에 참여하고 경찰에 체포되어 서대문감옥에서 옥고를 치렀다. 1919년 5월 26일 서대문감옥에서 서거했다. 민족대표 중 유일하게 옥중에서 순국했다.

유여대
劉如大, 1878~1937

기독교계 민족대표. 평안북도 의주 출신이다. 1894년 청일전쟁이 일어나자 피난했다가 이듬해에 고향으로 돌아와 한문 서당을 열었다. 1898년 의주 서교회에서 미국 선교사 휘트모어(N. C. Whittemore)에게 세례를 받고 기독교인이 되었다. 이듬해에는 의주 최초의 신식 교육기관인 일신학교를 설립하고 한문 교사로 일했다. 1902년에는 의신소학교를, 1905년에는 여성교육기관인 양실학원을 설립했다. 두 학교는 1908년에 양실학원으로 통합되었다. 32세인 1910년에 평양신학교에 입학하였고, 졸업 후에는 의주서교회에서 분립한 의주동교회 목사로 부임했다.

1919년 2월 13일 평안북도 선천에서 이승훈에게 독립운동 준비 상황을 듣고 민족대표로 가담하기로 약속했다. 2월 28일 서울로 출발하지 않고 그곳의 기독교 인사 20여 명과 함께 3월 1일 만세시위를 준비했다. 3월 1일 오후 2시 30분에 평안북도 의주서교회 광장에서 열린 독립선언식에서 〈독립선언서〉를 낭독했다. 독립선언식을 마친 시위대가 시가행진에 들어가자 일제의 헌병대가 강제 해산에 나서면서 검거되었다. 민족대표인 까닭에 서울로 압송되어 징역

2년을 선고받고 서대문감옥과 경성감옥에서 옥고를 치렀다.

1921년 11월 6일 출옥한 이후 의주동교회 목사로 근무하면서 3·1운동으로 폐교된 양실학교를 재건했다. 1934년에 위병이 심해져 요양 생활에 들어갔고, 1937년 1월 13일 별세했다.

이갑성

李甲成, 1886~1981

기독교계 민족대표. 경상북도 대구 출신이다. 11세 때 샤록스(A. M. Sharrocks) 선교사를 만나 기독교인이 되었고 이로 인해 집에서 쫓겨났다. 이후 서울로 올라와 YMCA를 찾아갔고, 남대문교회 전도사 함태영의 집에 살며 신문 배달을 했다. 1910년 경신학교를 졸업하고 대구로 돌아가 대남소학교에서 학생들을 가르쳤다. 1년 후 다시 서울에서 세브란스병원 의학교에 진학해 약학과 의학을 공부하고 1915년 세브란스연합병원에 취직했다.

1919년 초부터 서울의 전문학교 학생들이 독립운동을 준비하는 과정에 함께 참여했다. 2월 21일 자신의 숙소에서 장로교와 감리교 인사들과 함께 천도교와의 합작 문제를 논의하는 등 기독교계의 독립운동 준비에도 가담했다.

2월 27일 기독교 민족대표를 확정하는 모임에 참석했다. 2월 28일에는 〈독립선언서〉를 전국에 배포하는 과정에 참여하여 1,500매를 강기덕에게 전달해 서울에 배포하도록 했고, 600장은 세브란스의학전문학교 학생 이용상·김병수·이용설 등을 통해 대구·마산·군산 등지에 전달하도록 했다. 3월 1일 오후 2시 태화관에서 열린 독립선언식에 참석하고 경무총감부로 연행되었다. 징역 2년 6월을 선고받고 옥고를 치렀다.

1922년 5월 5일 오화영과 함께 경성감옥에서 출옥한 후 민립대학 설립 운동에 참여했다. 1925년 3월에는 이승만 계열의 독립혁명동지회의 국내지부인 흥업구락부 결성에 가담했다. 1927년에는 신간회 발기인으로 참가했다. 1938년 흥업구락부 조직이 발각되면서 경찰에 검거되어 7개월간 옥고를 치렀다. 해방 이후 국회의원을 역임하고 광복회 초대회장 등을 지내다가 1981년 3월 25일 서거했다.

이명룡

李明龍, 1873~1956

기독교계 민족대표. 평안북도 철산 출신이다. 1887년 평안북도 정주로 이사했다. 19세에 기독교에 입교했다. 대금업에 종사하며 1902년 정주군상업회의소 소장을 맡았고 1908년에는 이승훈의 권유로 신민회에 가입했다. 1911년 조선총독부가 데라우치 총독 암살 미수 사건을 조작해 기독교인들을 잡아들인 '105인 사건'에 연루되어 체포되었으나 1913년 경성복심법원에서 무죄로 풀려났다. 2년간의 옥고에서 풀려난 후 덕흥교회 장로로 재직하며 평안북도 안주군 덕달면에서 농장을 경영했다.

1919년 2월 13일 선천에서 이승훈을 만나 천도교계와 연합하여 독립운동을 한다는 소식을 듣고 이에 동참했다. 2월 말 상경해 3월 1일 태화관에서 열린 독립선언식에 참석하고 체포되어 2년간 서대문감옥과 경성감옥에서 옥고를 치렀다. 1921년 11월 4일 출옥해 교육과 산업 분야에서 활동하며 목회자로도 활약했다. 해방 후에 월남하였고 1956년 11월 12일 영면했다.

이승훈
李昇薰, 1864~1930

기독교계 민족대표. 평안북도 정주 출신이다. 어릴 적 부모를 모두 잃고 10세부터 유기 상점의 점원으로 일했다. 15세부터는 유기 행상으로 재산을 모았다. 20대에는 유기공장을 세워 성공하는 듯했으나 청일전쟁 당시 평안도가 전쟁터가 되면서 상점과 공장이 잿더미가 되었다. 하지만 곧바로 재기에 성공하면서 굴지의 부자가 되었다. 그러나 러일전쟁을 기회로 돈을 벌려다 실패하였고, 이후《황성신문》,《대한매일신보》등을 구독하며 사회문제에 관심을 두기 시작했다.

1906년 평안도와 황해도 지식인들이 만든 서우학회에 가입했고 1907년에는 안창호의 권고로 신민회에 가입해 평안북도 지회장을 맡았다. 신민회 간부로서 정주에 초등교육을 실시하는 강명의숙과 중등교육을 하는 오산학교를 세웠다. 1908년 평양에 태극서관을 세울 무렵 기독교인이 되었고 이듬해에는 평양에 자기회사를 설립했다. 1911년 2월 안중근의 사촌 동생 안명근이 독립군자금을 모금한 '안악사건'에 연루되어 제주도로 유배되었다. 이듬해에는 조선총독부가 데라우치 총독 암살 미수 사건을 조작해 105명을 기소

한 '105인 사건'의 주모자로 지목되어 다시 서울로 압송되어 징역 6년을 선고받고 옥고를 치렀다. 감형에 사면을 받아 1915년 2월 15일 출옥해 52세가 되던 1916년 평양신학교에 입학해 1년을 다녔다.

한편 1919년 2월 초순 중국 상하이에서 조직된 신한청년당에서 파견한 선우혁을 만나 독립운동에 나설 것을 촉구 받는다. 이에 그는 2월 12일 서울로 상경해 송진우를 만나 독립운동 계획을 논의한다. 그리고 다음날 선천에서 이명룡, 양전백, 유여대, 김병조 등과 만나 동참할 뜻을 받아냈다. 2월 16일에는 평양 기홀병원에서 길선주, 신홍식으로부터 동의를 받아냈다. 2월 17일 서울에 다시 올라와 장로교는 물론 감리교 인사들과 만나 독립운동을 모의했다. 2월 24일 천도교와 합동을 이루는 데 성공하고 2월 27일 기독교 측 민족대표를 확정했다.

3월 1일 오후 2시 태화관에서 열린 독립선언식에 참석하고 경무총감부로 체포되어 징역 3년을 선고받고 서대문감옥과 경성감옥에서 옥고를 치렀다. 민족대표 가운데 가장 늦은 1922년 7월 21일 출옥했다. 이후 정주에서 오산학교를 경영하며 민립대학 설립 운동에 참여했고 1924년 동아일보사가 위기에 빠지자 잠시 사장을 맡기도 했다. 1930년 5월 3일 오산학교 교정에서 열린 자신의 동상제막식에 참석한 지 6일 만인 5월 9일 협심증으로 갑작스럽게 타계했다.

이종훈
李鍾勳, 1856~1931

천도교계 민족대표. 경기도 광주 출신이다. 장사도 해보고 관직도 경험하는 유랑 끝에 고향에 돌아와 37세 되던 해인 1893년에 동학교도가 되어 경기도와 충청도 지역 포교에 앞장섰다. 동학농민운동에서 손병희가 이끌던 북접의 간부로서 광주에서 동학농민군을 이끌고 전투에 참여했다가 패한 후 피신 생활을 이어갔다. 1904년 일본에 망명한 손병희의 지시로 진보회를 결성하고 정치 개혁을 위한 민회운동을 벌일 때 광주에서 활약했다. 1905년 12월 동학이 천도교로 이름을 바꾸고 손병희가 귀국한 후 천도교 간부로서 활약했다. 1910년대에는 천도교단의 최고 원로에게 부여하는 직책인 장로에 임명되었다.

1919년 2월 하순 손병희·오세창·권동진 등으로부터 독립운동에 관한 이야기를 듣고 참여를 결정했다. 민족대표 중 최고령자였다. 1919년 3월 1일 태화관에서 열린 독립선언식에 참가하고 체포되어 징역 2년을 선고받았다. 서대문감옥과 경성감옥에서 옥고를 치르고 1921년 11월 4일에 출옥한 후에는 최시형의 아들인 최동희가 이끄는 천도교 혁신운동에 가담했다. 1922년 최동희가 독립운동 비밀결사인 고려혁명위원회를 결성하자 고문을 맡았다. 1926년 최동희는 천도교 혁신운동이 좌절한 후 무장투쟁과 외교투쟁을 겸한 독립운동을 추진하고자 만주에서 정의부와 연합해 고려혁명당을 결성했다. 이때 이종훈 역시 고문을 맡으며 만주 룽징[龍井]으로 이주했다. 이후 1931년 4월 귀국하였고, 한 달 후인 5월 2일 별세했다.

이종일

李鍾一, 1858~1925

천도교계 민족대표. 충청남도 태안 출신이다. 어릴 적 한학을 공부하고 15세에 문과에 급제했다. 1882년 수신사인 박영효를 따라 일본에 다녀왔다. 내부 주사, 중추원 의관 등 관직 생활을 하며 독립협회에 참여했다. 1898년에는 순한글로 여성도 볼 수 있는《제국신문》을 창간하고 흥화학교를 세웠다. 1906년 천도교에 입교해 천도교 기관지인《만세보》를 창간했고 1908년에는 대한협회의 회보 발행을 맡았다. 1910년대에는 천도교 기관지인《천도교회월보》를 만드는 천도교월보사 과장과 더불어 보성사 사장을 맡았다.

1919년 2월 하순 손병희·오세창·권동진 등으로부터 만세운동 계획을 듣고 참여했다. 2월 27일 보성사에서 인쇄한 2만 1,000매의 〈독립선언서〉를 자신의 집으로 운반하고 2월 28일 전국에 배포했다. 1919년 3월 1일 태화관에서 열린 독립선언식에 참석하였다가 체포되어 징역 3년을 선고받고 서대문감옥과 경성감옥에서 옥고를 치렀다. 1921년 12월 22일 출옥했으며, 1925년 8월 31일 별세했다.

임예환
林禮煥, 1864~1948

천도교계 민족대표. 평안남도 중화 출신이다. 24세에 동학에 입도하여 동학농민운동에 참여했다. 1905년 12월 동학이 천도교로 개편된 후 1906년 7월에 72개의 대교구로 정비할 때 제25대 교구장 대리로 임명되었다. 1917년 천도교 원로에게 주는 직책인 도사에 임명되었다.

1919년 2월 22일 '49일 기도회'를 마치고 홍기조·나인협과 함께 고종 장례식 참배와 3월 10일 최제우의 기일에 참석할 목적으로 서울에 올라왔다가 손병희·오세창·권동진 등에게 독립운동 계획을 듣고 민족대표로 가담한다. 2월 27일 천도교 민족대표를 확정하는 모임에 참석했고 3월 1일 오후 2시 태화관에 손병희 등과 민족대표로 참석해 〈독립선언서〉를 회람하고 만세삼창을 외쳤다. 곧바로 경찰에 검거되어 징역 2년을 선고받았다. 서대문감옥과 경성감옥에서 옥고를 치르고 1921년 11월 4일 출옥했다.

1922년 천도교 혁신운동이 일어났을 때는 천도교 혁신파를 지지했고, 1925년 천도교가 신파와 구파로 갈등할 때 신파에 가담했다. 이후로도 천도교 간부로 활동했다. 1948년 5월 7일 타계했다.

박준승

朴準承, 1865~1927

천도교계 민족대표. 전라북도 임실 출신이다. 25세가 되던 해인 1890년에 동학에 입도했다. 동학농민운동이 일어나자 임실에서 참가했다가 피신 생활을 하며 전라도 지역에서 동학 조직을 재건하는 활동을 벌였다. 1904년 동학 교주인 손병희의 지시에 따라 진보회를 결성하고 정치 개혁을 요구하는 시위와 집회를 열었고,

천도교 간부로서 임실교구를 설립했다. 1912년에는 전라남도 장성군 천도교 대교구장의 자리에 올랐다. 1916년에는 천도교 원로에게 부여하는 직책인 도사에 임명되었다.

1919년 2월 22일 '49일 기도회'를 마치고 고종 장례식에 참여하고자 상경했고, 손병희·오세창·권동진 등으로부터 독립운동 계획을 듣고 민족대표로 가담했다. 3월 1일 태화관에서 열린 독립선언식에 참석하고 경찰에 체포되어 징역 2년을 선고받고 서대문감옥과 경성감옥에서 옥고를 치렀다. 1921년 11월 4일 출옥해 천도교 교단에서 활동하다 1927년 3월 23일 타계했다.

박희도

朴熙道, 1889~1952

기독교계 민족대표. 황해도 해주 출신이다. 15세에 기독교에 입교했다. 이후 의창학교의 보통과와 고등과를 졸업하고 평양의 숭실중학교로 진학했다. 서울로 올라와 연희전문학교에 다니던 중 중퇴하고 감리교계 신학교인 협성신학교에 다녔다. 전도사로 활동하면서 영신학교, 중앙유치원을 설립하고 YMCA 간사로 취임했다.

1919년 1월부터 전문학교 학생들과 함께 독립운동을 준비했다. 2월 하순 이승훈과 함께 천도교가 제안한 독립운동에 가담하기로 하고 민족대표로 참여했다. 3월 1일 태화관에서 거행된 독립선언식에 참석하고 체포되어 서대문감옥과 경성감옥에서 3년간 옥고를 치렀다. 1921년 11월 4일에 출옥하였다. 1922년 사회주의자들과 함께 《신생활》 잡지를 창간했는데 러시아혁명 5주년 기념호를 발행한 것이 빌미가 되어 경찰에 체포되었다. 징역 2년 6개월을 선고받고 옥고를 치른 후 1925년 1월 1일에 출옥했다. 1927년에는 신간회에 참여해 출판부장 등 간부로 활동했다.

1934년 8월 내선일체를 표방하는 친일단체인 시중회時中會에 발기인으로 참여하면서 본격적인 친일 협력의 길을 걸었다. 한국인에게 징병제를 실시할 것을 요구하는 운동을 벌였고 '내선일체'를 내세우는 잡지 《동양지광》을 발행했다. 국민정신총동원조선연맹, 국민총력조선연맹, 조선임전보국단, 조선언론보국회 등에 간부로 참여하면서 친일 협력을 촉구하는 강연 활동을 펼쳤다. 해방 이후 1949년에 반민특위에 체포되어 조사를 받았으나 병으로 불구속 처리되었다. 1952년 9월 25일 사망했다.

박동완
朴東完, 1885~1941

기독교계 민족대표. 경기도 포천 출신이다. 1894년경 서울로 올라와 양사동소학교, 관립고등소학교를 나와 한성중학교를 졸업하고 한성외국어학교에 진학해 영어를 전공했다. 1911년 학교가 폐쇄되자 배재학당 대학부로 전학하고 기독교에 입교했다. 1915년부터는 기독신보사의 서기와 주필로 활동했다.

1919년 2월 박희도로부터 독립운동을 준비한다는 소식을 듣고 2월 27일 민족대표에 합류했다. 3월 1일 태화관에서 거행된 독립선언식에 참석하고 경찰에 체포되어 경성복심법원으로부터 징역 2년을 선고받았다. 서대문감옥과 경성감옥에서 옥고를 치르다 1921년 11월 4일 출옥했다. 출옥 후 기독교계 잡지인 《기독신보》의 주필과 《신생명》의 주간으로 활동했다. 1925년 이승만 계열의 독립혁명동지회 국내 조직인 흥업구락부에 참여했다. 농민계몽운동에 관심을 보여 YMCA에 농촌부를 신설하고 위원으로 활동했다. 1927년에는 신간회의 발기인으로 참여했고 신간회 본부의 총무간사를 맡았다. 1928년 하와이 한인기독교회의 초청을 받아 와히아와(Wahiawa)의 한인기독교회 초대 담임목사로 부임했다. 1940년까지 한인기독교회 목사로 활동하면서 한글학교를 확장하고 《한인기독교보》를 발행하는 활동을 벌였다. 1941년 2월 23일 하와이에서 영면했다.

신홍식

申洪植, 1872~1939

기독교계 민족대표. 충청북도 청주 출신이다. 29세 되던 1904년에 기독교인이 되어 청주읍교회에 나갔다. 1906년 미국인 선교사 스웨어러(W. C. Swearer)에게 세례를 받고 충청도 일대에서 전도사로 활동했다. 1913년 감리교계 신학교인 협성신학교를 졸업하고 연기, 아산, 공주 등에서 목사로 재직하다 1917년 평양에 자리한 남산현교회로 자리를 옮겼다.

1919년 2월 16일 평양의 기홀병원에서 이승훈을 만나 독립운동 계획을 듣고 가담하기로 결정했다. 서울로 올라와 2월 21일까지 기독교 대표자들의 독립운동 논의를 위한 모임에 참석한 후 귀환했다. 평양에서 남산현교회 부담임 박석훈 목사를 비롯해 여러 교회의 목사, 숭의여학교, 광성고등보통학교, 평양유치원의 교사들과 연락해 평양지역 감리교인의 만세시위를 준비했다. 2월 25일 진남포의 삼숭학교 교장으로 있는 홍기황을 만난 3월 1일에 진남포에서 만세시위를 벌일 것을 제안했다. 2월 28일 기차로 평양을 떠나 3월 1일 아침 서울에 도착했다. 3월 1일 오후 2시 태화관에서 거행된 독립선언식에 참석하고 경찰에 체포되어 징역 2년을 선고받고 서대문감옥과 경성감옥에서 옥고를 치렀다.

1921년 11월 4일 출옥한 후 다시 목사로 활동하면서 농촌운동, 야학운동 등에 참여했으며, 1925년에는 이승만 계열의 독립혁명동지회 국내지부인 흥업구락부 결성에 참여했다. 1935년 4월 건강을 이유로 은퇴했고 1937년 고향인 청주로 돌아가 요양 생활을 시작했다. 1938년에 흥업구락부 사건으로 청주경찰서에서 조사를 받았다. 1939년 3월 18일 영면했다.

신석구

申錫九, 1875~1950

기독교계 민족대표. 충청북도 청주 출신이다. 사업 실패 등으로 고향을 떠나 있던 1907년에 기독교에 입교했다. 동갑 친구인 정춘수를 따라 개성으로 이주했다. 이듬해 개성 남부교회에서 미국인 선교사 와슨(A. W. Wasson)에게 세례를 받았다. 개성을 비롯해 경기도와 강원도에서 구역장 등으로 활동하다 1918년 1월부터는 서울 수표교교회 목사로 재직했다.

1919년 2월 19일 오화영 목사의 권유로 독립운동에 가담했다. 2월 27일 기독교 민족대표로 선정되었다. 1919년 3월 1일 태화관에서 독립선언식을 가진 후 체포되어 징역 2년을 선고받고 서대문감옥과 경성감옥에서 옥고를 치렀다. 1921년 11월 4일 출옥 후 강원도, 경기도, 황해도, 충청남도 등에서 목사로 재직했다.

1922년에는 협성신학교를 졸업했다. 1925년에는 이승만 계열의 독립혁명동지회 국내지부 격인 흥업구락부에 가입했는데, 1938년 흥업구락부가 발각되어 천안경찰서에서 2개월간 구금되어 조사를 받았다. 또한 조선총독부가 신사참배를 강요하자 이에 반대하는 운동에 가담했다. 1945년

5월에는 교회에 일장기 게양을 거부해 경찰서에 구금되기도 했다.

해방 이후 북한 정부에 의해 반공운동 배후로 지목되어 체포되었고, 징역 10년을 선고받고 평양인민교화소에 수감되었다. 6·25전쟁 중인 1950년 10월 10일 북한군에 의해 희생되었다.

오세창

吳世昌, 1864~1953

천도교계 민족대표. 서울 출신이다. 개화파로 알려진 역관 오경석의 아들이다. 15세에 역과에 합격해 통역관으로 관리 생활을 시작했다. 조선 정부에서 발행한 신문인《한성순보》기자를 역임하고 1894년 갑오개혁 당시에는 군국기무처에서 근무했다.

1897년에 일본 문부성 초청으로 도쿄외국어학교에서 1년간 한국어 교사를 지내다 귀국했다. 이후 한동안 관직에 나가지 않았는데, 1902년 유길준이 일본 육군사관학교 출신 청년 장교들의 모임인 일심회와 쿠데타를 모의할 때 연루되었다는 혐의를 받고 일본으로 망명했다. 그리고 당시 일본에 망명 중인 손병희, 권동진, 양한묵과 만나 동학에 귀의했다.

1905년 12월 동학을 천도교로 개편한 후 1906년 손병희와 함께 귀국했다. 천도교 기관지인《만세보》를 발간하는 만세보사 사장을 역임하면서 중추원 부참의에 올랐으나 곧 사직했다. 정당을 표방하는 대한협회에서 부회장을 지내면서 기관지인《대한민보》를 발행하는 대한민보사 사장을 지냈다. 1910년대에 천도교 도사로서 손병희, 권동진과 함께 천도교를 이끌었다.

1918년 제1차 세계대전이 끝나자 손병희, 권동진과 함께 독립운동을 일으킬 것을 계획했다. 보성고등보통학교 교장 최린을 앞세워 기독교, 불교와의 연합으로 독립선언을 준비한다. 천도교계 민족대표로서 3월 1일 태화관에서 열린 독립선언식에 참석하고 경찰에 체포되어 징역 3년을 선고받고 서대문감옥과 경성감옥에서 옥고를 치렀다.

1921년 12월 22일 출옥한 후 천도교 지도자로의 길을 걸었다. 1922년 천도교 혁신운동이 일어날 때는 보수파에 가담했고 1925년에 신파와 구파로 갈릴 때는 경기도, 충청도, 전라도에 기반을 둔 구파의 지도자로서 활동했다. 서화가로도 명성을 날렸는데 1928년 역대 서화가의 진필을 모은《근역서화징》을 출판했다. 천도교 신파에 이어 1937년에는 천도교 구파가 친일 협력의 길로 들어섰지만 합류하지 않았다.

해방 이후 일본으로부터 대한제국 황제의 옥새를 돌

려받고 대한민국 정부수립식에서 개회사를 맡는 등 정치원로로 활약하였다. 6·25전쟁이 일어나자 대구로 피난했다가 1953년 4월 16일 타계했다.

오화영
吳華英, 1880~1960

기독교계 민족대표. 황해도 평산 출신이다. 동학에 입도해 15세 나이로 동학농민운동에 참여했다가 만주로 피신했다. 1900년 무렵 귀국해 1906년까지 곡물 무역상을 했으며 미국인 선교사 크램(W. G. Cram)에게 세례를 받고 기독교인이 되었다. 1909년부터 전도 생활을 시작해 개성, 원산 등지의 교회에서 전도사로 재직했다. 이 시기에 감리교 계통의 협성신학교에 입학해 신학을 공부했다. 1913년부터는 원산 상리교회에 근무했고 1918년에는 협성신학교를 졸업하고 서울의 종교교회에서 목사로 재직했다.

1919년 2월 원산 상리교회를 맡고 있던 친구 정춘수로부터 독립운동 소식을 듣고 가담하게 되었다. 2월 17일 박희도로부터 독립운동 추진 상황을 듣고 2월 19일 수표교교회를 담당하고 있던 목사 신석구에게 동참할 것을 권했다. 2월

27일 기독교 측 민족대표를 선정하는 모임에 참석했다. 2월 28일 이종일로부터 받은 〈독립선언서〉 100매를 개성의 목사 강조원에게 전달했다. 3월 1일 오후 2시 태화관에서 독립선언식에 참석한 후 체포되어 징역 2년 6개월을 선고받고 경성감옥에서 옥고를 치른 뒤 1922년 5월 5일 출옥했다. 출옥 후 서울의 수표교교회, 종교교회, 개성의 북부교회 등에서 목사로 재직했다.

1925년 이승만 계열의 독립혁명동지회 국내조직인 흥업구락부 결성에 참여했다. 1927년 신간회가 창립했을 때 본부 간사 중 한 사람으로 선출되었다. 1929년 광주학생운동 당시 신간회가 그 진상을 알리는 민중대회를 준비하자 경찰이 사전에 간부들을 체포했는데, 이때 검거되어 옥고를 치렀다. 1931년에 가난한 환자를 치료하는 '사회영중앙실비진료원社會營中央實費診療院(현 건국대학교 병원)'을 개원하고 초대 원장을 지냈다. 1937년에 은퇴하고 경기도 고양군 지도면 화정리에서 과수원을 경영했다. 1938년에 흥업구락부가 발각되면서 체포되었으나 기소유예 처분을 받아 석방되었다. 해방 이후 국회의원으로 활동하던 중 6·25전쟁 때 납북되었고, 1960년 9월 2일에 별세했다.

정춘수
鄭春洙, 1873~1951

기독교계 민족대표. 충청북도 청주 출신이다. 어릴 적 한문을 배우고 32세에 감리교 성서학원에 들어가 공부하고 다시 협성신학교에 입학해 1911년에 1회로 졸업했다. 1913년부터 개성 북부교회에서 목사로 재직했다. 1916년부터는 함경남도 원산의 상리교회 목사로 재직했다.

1919년 2월 20일 서울에서 감리교 인사들이 장로교의 이승훈과 함께 독립운동 협의를 위해 모였을 때 함께 참가했다. 2월 하순 이갑성과 오화영으로부터 3월 1일에 독립선언식을 한다는 소식을 듣고는 원산에서 3월 1일 감리교와 장로교 연합 만세시위를 벌일 계획을 세웠다. 만세시위 준비가 한창이던 2월 28일 밤 서울에서 보내온 〈독립선언서〉를 보고 자기 이름이 들어 있음을 알았다.

이튿날인 3월 1일 아침 만세시위 준비를 살피고 기차를 타고 오후 늦게 서울에 도착했다. 원산에서는 오후 2시에 예정대로 독립선언식과 만세시위가 거행되었다. 같은 시각 독립선언식을 거행한 민족대표들은 이미 경찰에 체포된 상태였으므로 3월 6일 경무총감부에 자진 출두했다. 징역 1년 6개월을 선고받고 경성감옥에서 옥고를 치른 후 1921년 5월

5일 출옥하였다.

출옥 이후 개성을 중심으로 목사로 일하며 1925년에는 이승만 계열의 독립혁명동지회 국내지부인 흥업구락부에 참여했다. 1927년 신간회가 출범할 때 간사로 선출되었다. 평양과 서울의 여러 교회에서 목사로 재직하던 중 1938년 흥업구락부가 발각되면서 구속되었다. 이때 석방을 계기로 친일 협력의 길을 걷기 시작했다.

이후 국민정신총동원 기독교조선감리회연맹 이사장을 역임했고, 국민총력조선연맹 문화부 문화위원, 조선임전보국단 평의원 등으로 활동했다. 1945년에는 기독교를 통합해 조직한 일본기독교 조선교단의 고문을 맡았다. 해방 이후 1949년에 반민특위에 체포되어 60일간 구속되었다가 기소유예로 풀려났다. 6·25전쟁이 일어나자 충청북도 청주로 피난하였고, 1951년 10월 27일 사망했다.

최성모

崔聖模, 1874~1937

기독교계 민족대표. 서울 출신이다. 1905년 상동교회에서 전덕기 목사의 강연을 듣고 기독교인이 되었다. 1908년 상동교회에서 세례를 받았다. 1913년 협성신학교를 졸업하고 1916년 목사 안수를 받고 황해도 해주에 자리한 해주읍교회에서 목사로 재직했다.

1919년 2월 25일 아들의 배재학교 졸업식을 보기 위해 상경해 정동교회 이필주 목사 집에 기거했다. 이때 YMCA 간사인 박희도로부터 독립운동 계획을 듣고 즉시 동참했다. 이필주 목사에게도 소식을 알려 함께하기로 했다. 2월 27일 기독교계 민족대표를 결정하는 모임에 참석했다. 3월 1일 오후 2시 태화관의 독립선언식에 참여했다가 체포되었으며, 징역 2년을 선고받고 서대문감옥과 경성감옥에서 옥고를 치렀다. 1921년 11월 4일 출옥 후 서울과 충청남도를 비롯해 만주 지역에서 목사로 활동했다. 1933년 이후 요양 생활을 하다가 1937년 3월 14일 별세했다.

최린

崔麟, 1878~1958

천도교계 민족대표. 함경남도 함흥 출신이다. 30대 초반에 일본 육군사관학교 출신 한국인들이 조직한 일심회에 가입한 혐의로 신변이 위험해지자 일본으로 망명했다. 이때 일본에 망명 중이던 동학의 3대 교주 손병희를 만났다. 다시 귀국해 관리의 길을 걷다가 1904년 대한제국 황실 유학생에 선발되어 도쿄부립제일중학교 속성과에 입학했고, 1906년 메이지대학 법과에 입학해 1909년에 졸업했다. 일본 유학 시절 대한유학생회 회장과 부회장을 역임했다. 1910년 한일강제병합이 되자 손병희를 찾아가 천도교에 입교했다. 이후 천도교단이 운영하는 보성고등보통학교의 교장으로 재직했다.

1919년에 들어 손병희, 오세창, 권동진 등 원로들이 독립운동을 준비할 때 참모로 참여해 기독교·불교와의 연합을 이끌어냈고 최남선에게 〈독립선언서〉의 초안을 작성하게 했다. 3월 1일 태화관에서 열린 독립선언식에 참석하고 체포되어 옥고를 치르고 1921년 12월 22일 출옥했다.

출옥 이후 3·1운동의 기획자로서 얻은 사회적 명성을 바탕으로 천도교단을 장악해 1925년 천도교가 신·구파로 분화할 때 신파의 지도자로서 확고한 지위를 다졌다. 민립대학 설립 운동 참여 등 사회활동을 펼치는 가운데 식민지 자치운동을 벌여 논란을 일으켰다. 1934년 4월 조선총독 자문기구인 중추원 칙임관 대우 참의에 임명되고 8월에는 친일단체인 시중회를 결성하면서 본격적인 친일 협력의 길을 걷기 시작했다. 징병제를 실시할 것을 주장하며 전국을 돌며 강연을 벌이고 천도교단에 시국대처부를 설치하는 등 천도교의 친일화에도 앞장섰다.

또한 조선총독부의 기관지인 《매일신보》의 사장을 역임하고 국민정신총동원조선연맹, 국민총력조선연맹, 조선임전보국단, 조선언론보국회를 비롯한 각종 친일단체에 참여하는 등 해방 때까지 친일 협력의 길로 일관했다. 해방 이후 1949년 반민특위에 체포되었으나 4월에 병보석으로 풀려났다. 6·25전쟁 때 납북되었고, 1958년 12월에 사망한 것으로 전해진다.

한용운

韓龍雲, 1879~1944

불교계 민족대표. 충청남도 홍성 출신이다. 1904년경 출가해 승려 생활을 시작했다. 1905년에는 러시아 연해주를, 1908년에는 일본을 유람했다. 1911년 친일승려 이회광 등이 한국의 원종과 일본 소토슈[曹洞宗]의 합병을 발표하자, 이에 반대하며 승려궐기대회를 개최하고 원종에 대응하는 임제종을 창립했다. 1913년에 한국 불교의 개혁안을 제시한《조선불교유신론》을 발간해 불교계에 혁신 운동을 일으켰다. 1918년에는 최초의 불교 잡지인《유심》을 발간하는 등 불교 대중화에 힘썼다.

1919년 2월 20일 천도교 측의 최린으로부터 독립운동 계획을 듣고 동참하기로 결정했다. 2월 24일에는 최린으로부터 기독교와의 연합 소식을 들었고 〈독립선언서〉 초안을 건네받았다. 그는 유림계 인사인 곽종석, 김창숙 등을 참여시키려고 했으나 시간이 촉박하여 성공하지는 못했다. 대신에 2월 27일 서울에 머물고 있던 백용성을 찾아가 불교계의 민족대표로 참가한다는 승낙을 받을 수 있었다.

2월 28일에는 보성사 사장인 이종일로부터 〈독립선언서〉 3,000매를 받아 불교학교인 중앙학림의 학생 정병헌·오택언·전규현·신상완 등에게 1,500매를 건네주면서 다음날 서울 시내에 배포하도록 하였고, 나머지 1,500장은 양산 통도사와 동래 범어사에 인편으로 전달하게 했다. 3월 1일 태화관에서 열린 독립선언식에서 "오늘 우리가 집합한 것은 조선의 독립을 선언하기 위한 것으로 자못 영광스러운 날이며, 우리는 민족대표로서 이와 같은 선언을 하게 되어 그 책임이 중하니 금후 공동 협심하여 조선독립을 기도하지 않으면 안 된다."는 내용의 연설을 하고 만세삼창을 선창했다. 경찰에 체포되어 서대문감옥에 갇혀 있으면서 경성지방법원 검사장의 요구로 〈조선독립에 대한 감상〉이란 논설을 집필해 제출했다. 징역 3년을 선고받아 서대문감옥과 경성감옥에서 옥고를 치렀고, 1921년 12월 22일 출옥하였다.

이후 물산장려운동을 지원하고 조선민립대학기성회 상무위원을 역임하는 등 활발한 사회운동을 벌였다. 불교청년회 회장에 취임해서는 조선총독부에 사찰령 폐지를 요구했다. 시 88편을 모아 《님의 침묵》이라는 첫 시집을 발간하기도 했다. 1927년에는 신간회 결성에 발기인으로 참여했고 이어 경성지회장에 선출되었다.

1930년에는 20여 명의 청년 불교도들이 비밀리에 조직한 만당의 당수로 취임했다. 1931년에는 잡지 《불교》를 인수해 속간하면서 불교 대중화에 힘썼다. 1933년 서울 성북동에 집을 지어 '심우장'이라 이름을 붙이고 여생을 보냈다.

만당은 1938년 말 경찰에 발각되면서 와해되었다. 해방을 1년 남겨 둔 1944년 6월 29일에 영면했다.

홍병기

洪秉箕, 1869~1949

천도교계 민족대표. 경기도 여주 출신이다. 24세 되던 1892년 동학에 입교해 여주 지역을 관리하는 접주가 되었다. 1894년 여주에서 동학교도들을 이끌고 동학농민운동에 참여했다. 손병희의 휘하에서 괴산전투에 참여했다가 패배한 후 최시형을 보필하며 피신을 다녔다. 손병희가 동학 제3대 교주에 오른 후 동학 간부로서 본격적인 활동을 벌였다.

일본으로 망명한 손병희가 1904년 동학교도들에게 정치 개혁을 위한 민회운동을 지시하자 이에 앞장섰다. 1905년 12월 동학이 근대적인 종교를 표방하고 천도교로 이름을 바꾼 후, 서울에 올라와 보문관 관장을 시작으로 교단 간부로 활동했다. 1916년에 천도교의 원로에게 부여하는 직책인 장로에 올랐다.

1919년 2월 하순 손병희·오세창·권동진 등으로부터

독립운동에 관한 이야기를 듣고 민족대표로 참여했다. 3월 1일 오후 2시에 태화관에서 거행된 독립선언식에 참석하고 경찰에 체포되어 징역 2년을 선고받고 서대문감옥과 경성감옥에서 옥고를 치렀다. 1921년 11월 4일 출옥 후 최시형의 아들 최동희가 이끄는 천도교 혁신운동에 동조했다. 1922년에는 천도교 혁신파를 주축으로 만든 독립운동 단체인 고려혁명위원회의 위원장을 맡았다. 1926년에는 만주로 건너가 천도교 혁신파가 정의부와 함께 조직한 고려혁명당에 가입했다. 그해 12월 고려혁명당이 발각되어 1927년 1월 만주에서 체포되었다. 징역 2년을 선고받아 신의주형무소에서 옥고를 치렀고, 1929년 7월 5일 출옥했다. 해방 이후 대한민국 임시정부의 법통성을 주장하는 활동을 펼쳤다. 1949년 1월 26일 별세했다.

홍기조

洪基兆, 1865~1938

천도교계 민족대표. 평안남도 용강 출신이다. 동학농민운동이 한창이던 1894년 10월에 동학에 입도했다. 정부의 탄압을 무릅쓰고 동학 포교에 힘써 1903년경에는 1만 호의 교인을 이끄는 의창대령에 올랐다. 1904년에는 일본에 망명해 있던 손병희의 지시에 따라 동학교도들을 이끌고 정치 개혁을 요구하는 민회운동을 전개했다. 1905년 동학이 천도교로 탈바꿈한 이후에도 평양대교구장을 맡는 등 핵심 간부로 활동했다.

1919년 2월 22일 '49일 기도회'를 마치고 고종 장례식에 참석하려고 상경했다가 손병희·오세창·권동진 등으로부터 3·1운동 계획을 듣고 동참했다. 2월 27일 천도교 민족대표를 확정하는 모임에 참가했다. 3월 1일 오후 2시 태화관에서 독립선언식을 거행하고 경찰에 연행되었다. 징역 2년을 선고받고 서대문감옥과 경성감옥에서 옥고를 치렀다. 1921년 11월 6일 출옥 후 천도교 간부 활동에 전념했다. 1922년 잠시 천도교 중앙총부에서 활동했는데, 얼마 후 평남으로 돌아가 지역 활동을 벌였다. 또한 학교와 강습소를 통해 교인들의 문화적 소양 증진과 민족의식 고취 활동을 전개하였다. 이후 고령으로 수년간 병을 앓다가 1938년 7월 6일 서거했다.

참고문헌

첫 번째 이야기

- 강명숙, 《겨레의 시민사회운동가 이상재》, 독립기념관, 2014.
- 김광식, 《전인적인 독립운동가 한용운》, 독립기념관, 2015.
- 김삼웅, 《의암 손병희 평전》, 채륜, 2017.
- 성주현, 《천도교에서 민족지도자의 길을 간 손병희》, 독립기념관, 2012.
- 이정식, 《여운형(시대와 사상을 초월한 융화주의자)》, 서울대학교 출판부, 2008.

두 번째 이야기

- 김해경, 〈탑골공원, 기억의 층위에 대한 해석〉, 《한국전통문화연구》 14, 2014.
- 독립기념관, 《일본신문 한국독립운동기사집(Ⅱ) – 3·1운동편(2) 大阪每日新聞》, 2009.
- 서울역사박물관, 《남산의 힘》, 2015.
- 오용섭, 〈「3·1독립선언서」의 서지적 연구〉, 《서지학연구》 71, 2017.
- 이사벨라 버드 비숍 저, 신복룡 역, 《조선과 그 이웃 나라들》, 집문당, 2000.
- 전우용, 《서울은 깊다》, 돌베개, 2008.

세 번째 이야기

- 독립기념관, 《한국독립운동의 역사19: 국내 3·1운동 – 1중부·북부》, 2007.
- 박찬승, 《대한민국의 첫 번째 봄, 1919》, 다산초당, 2019.
- 박종린, 〈효성 김원벽의 생애와 민족운동〉. 《동방학지》 184, 2018.
- 서울역사박물관, 《진관사 태극기》, 2010.

- 서울역사박물관,《한국 독립운동과 진관사》, 2010.
- 서울특별시 시사편찬위원회,《서울항일독립운동사》, 2009.
- 전명혁, 〈철부(鐵夫)노선의 주창자, 한위건과 사회주의운동〉,《내일을 여는 역사》22, 2005.

네 번째 이야기

- 김광섭,《나의 옥중기》, 창작과 비평사, 1976.
- 김동진,《1923 경성을 뒤흔든 사람들》, 서해문집, 2015.
- 박경목, 〈1930년대 서대문형무소의 일상〉,《한국근현대사연구》66, 2013.
- 박경목, 〈일제 강점기 서대문형무소 여수감자 현황과 특징〉,《한국근현대사연구》68, 2014.
- 박경목, 〈3·1운동 관련 서대문형무소 수감자 현황과 특징〉,《인문과학연구》26, 2018.
- 박경목,《식민지 근대감옥 서대문형무소》, 일빛, 2019.
- 이종민, 〈식민지 시기 형사 처벌의 근대화에 관한 연구〉,《사회와 역사》55, 1999.

찾아보기

1919년 3월 1일
그날을 걷다

발행인	서울역사편찬원장 이상배
발행처	서울역사편찬원(history.seoul.go.kr) 서울특별시 송파구 올림픽로 424(방이동) 02-413-9622
기획·편집	박명호(시사편찬과장), 류상진, 최동녕, 황교성
발행일	2019년 12월 20일
판매가	10,000원
디자인·인쇄	역사공간(02-725-8806)
사진촬영	스튜디오 밝은방

발간등록번호	51-6113542-000038-01
ISBN	979-11-6071-085-4 93910